近代经济生活系列

航运史话

A Brief History of Shipping in China

张后铨 / 著

社会科学文献出版社
SOCIAL SCIENCES ACADEMIC PRESS (CHINA)

图书在版编目（CIP）数据

航运史话/张后铨著 . —北京：社会科学文献出版
社，2011.9（2014.8 重印）
（中国史话）
ISBN 978 - 7 - 5097 - 1661 - 8

Ⅰ . ①航⋯　Ⅱ . ①张⋯　Ⅲ . ①航运 - 交通运输
史 - 中国 - 近代　Ⅳ . ①F552.9

中国版本图书馆 CIP 数据核字（2011）第 111359 号

"十二五"国家重点出版规划项目

中国史话·近代经济生活系列

航运史话

著　　者／张后铨

出 版 人／谢寿光
出 版 者／社会科学文献出版社
地　　址／北京市西城区北三环中路甲 29 号院 3 号楼华龙大厦
邮政编码／100029

责任部门／人文分社（010）59367215
电子信箱／renwen@ ssap. cn
责任编辑／赵子光
责任校对／张丽萍
责任印制／岳　阳
经　　销／社会科学文献出版社市场营销中心
　　　　　（010）59367081　59367089
读者服务／读者服务中心（010）59367028

印　　装／北京画中画印刷有限公司
开　　本／889mm×1194mm　1/32　印张／7.125
版　　次／2011 年 9 月第 1 版　　字数／130 千字
印　　次／2014 年 8 月第 2 次印刷
书　　号／ISBN 978 - 7 - 5097 - 1661 - 8
定　　价／15.00 元

总　序

　　中国是一个有着悠久文化历史的古老国度，从传说中的三皇五帝到中华人民共和国的建立，生活在这片土地上的人们从来都没有停止过探寻、创造的脚步。长沙马王堆出土的轻若烟雾、薄如蝉翼的素纱衣向世人昭示着古人在丝绸纺织、制作方面所达到的高度；敦煌莫高窟近五百个洞窟中的两千多尊彩塑雕像和大量的彩绘壁画又向世人显示了古人在雕塑和绘画方面所取得的成绩；还有青铜器、唐三彩、园林建筑、宫殿建筑，以及书法、诗歌、茶道、中医等物质与非物质文化遗产，它们无不向世人展示了中华五千年文化的灿烂与辉煌，展示了中国这一古老国度的魅力与绚烂。这是一份宝贵的遗产，值得我们每一位炎黄子孙珍视。

　　历史不会永远眷顾任何一个民族或一个国家，当世界进入近代之时，曾经一千多年雄踞世界发展高峰的古老中国，从巅峰跌落。1840年鸦片战争的炮声打破了清帝国"天朝上国"的迷梦，从此中国沦为被列强宰割的羔羊。一个个不平等条约的签订，不仅使中国大量的白银外流，更使中国的领土一步步被列强侵占，国库亏空，民不聊生。东方古国曾经拥有的辉煌，也随着西方列强坚船利炮的轰击而烟消云散，中国一步步堕入了半殖民地的深渊。不甘屈服的中国人民也由此开始了救国救民、富国图强的抗争之路。从洋务运动到维新变法，从太平天国到辛亥革命，从五四运动到中国共产党领导的新民主主义革命，中国人民屡败屡战，终于认识到了"只有社会主义才能救中国，只有社会主义才能发展中国"这一道理。中国共产党领导中国人民推倒三座大山，建立了新中国，从此饱受屈辱与蹂躏的中国人民站起来了。古老的中国焕发出新的生机与活力，摆脱了任人宰割与欺侮的历史，屹立于世界民族之林。每一位中华儿女应当了解中华民族数千年的文明史，也应当牢记鸦片战争以来一百多年民族屈辱的历史。

当我们步入全球化大潮的 21 世纪，信息技术革命迅猛发展，地区之间的交流壁垒被互联网之类的新兴交流工具所打破，世界的多元性展示在世人面前。世界上任何一个区域都不可避免地存在着两种以上文化的交汇与碰撞，但不可否认的是，近些年来，随着市场经济的大潮，西方文化扑面而来，有些人唯西方为时尚，把民族的传统丢在一边。大批年轻人甚至比西方人还热衷于圣诞节、情人节与洋快餐，对我国各民族的重大节日以及中国历史的基本知识却茫然无知，这是中华民族实现复兴大业中的重大忧患。

中国之所以为中国，中华民族之所以历数千年而不分离，根基就在于五千年来一脉相传的中华文明。如果丢弃了千百年来一脉相承的文化，任凭外来文化随意浸染，很难设想13亿中国人到哪里去寻找民族向心力和凝聚力。在推进社会主义现代化、实现民族复兴的伟大事业中，大力弘扬优秀的中华民族文化和民族精神，弘扬中华文化的爱国主义传统和民族自尊意识，在建设中国特色社会主义的进程中，构建具有中国特色的文化价值体系，光大中华民族的优秀传统文化是一件任重而道远的事业。

当前，我国进入了经济体制深刻变革、社会结构深刻变动、利益格局深刻调整、思想观念深刻变化的新的历史时期。面对新的历史任务和来自各方的新挑战，全党和全国人民都需要学习和把握社会主义核心价值体系，进一步形成全社会共同的理想信念和道德规范，打牢全党全国各族人民团结奋斗的思想道德基础，形成全民族奋发向上的精神力量，这是我们建设社会主义和谐社会的思想保证。中国社会科学院作为国家社会科学研究的机构，有责任为此作出贡献。我们在编写出版《中华文明史话》与《百年中国史话》的基础上，组织院内外各研究领域的专家，融合近年来的最新研究，编辑出版大型历史知识系列丛书——《中国史话》，其目的就在于为广大人民群众尤其是青少年提供一套较为完整、准确地介绍中国历史和传统文化的普及类系列丛书，从而使生活在信息时代的人们尤其是青少年能够了解自己祖先的历史，在东西南北文化的交流中由知己到知彼，善于取人之长补己之短，在中国与世界各国愈来愈深的文化交融中，保持自己的本色与特色，将中华民族自强不息、厚德载物的精神永远发扬下去。

《中国史话》系列丛书首批计 200 种，每种 10 万字左右，主要从政治、经济、文化、军事、哲学、艺术、科技、饮食、服饰、交通、建筑等各个方面介绍了从古至今数千年来中华文明发展和变迁的历史。这些历史不仅展现了中华五千年文化的辉煌，展现了先民的智慧与创造精神，而且展现了中国人民的不屈与抗争精神。我们衷心地希望这套普及历史知识的丛书对广大人民群众进一步了解中华民族的优秀文化传统，增强民族自尊心和自豪感发挥应有的作用，鼓舞广大人民群众特别是新一代的劳动者和建设者在建设中国特色社会主义的道路上不断阔步前进，为我们祖国美好的未来贡献更大的力量。

陈奎元

2011 年 4 月

⊙张后铨

作者小传

　　张后铨，1943 年生，1967 年毕业于武汉大学历史系。中国水运报刊社原总编、编审。1986~2000 年，作为副总编参与组织编写《长江航运史》丛书，个人被中国航海史研究会授予一等奖。1997 年，主编的《中国水运》杂志被中共中央宣传部、新闻出版署、国家科委授予全国优秀科技期刊二等奖，为全国交通系统唯一获此荣誉的期刊，其个人被湖北省委宣传部、省科委、省人事厅、省新闻出版局授予"国优科技期刊突出贡献者"称号。出版有《招商局史》（近代部分）、《招商局与深圳》、《航运史话》、《长江航运百年探索》、《招商史话》、《招商局与汉冶萍》等专著多部，共 300 余万字。发表论文 90 余篇。其专著获得过中国航海学会一、二等奖和湖北省经济史学会科研一等奖。

目 录

引　言

　　中国近代航运业的孕育和诞生始于鸦片战争之后。外国资本主义航运势力的入侵，严重影响和制约了中国航运业的发展，它既直接扭曲了旧式木船航运业的嬗变过程，又从客观上刺激了新式轮船运输业的产生。半殖民地化进程与近代化进程的相互交织，构成了中国航运百年沧桑史的基本内容。在一定意义上讲，中国近代航运史，是一部民族航运业备受外国列强侵略、摧残、欺凌、排斥的屈辱史和灾难史，同时也是民族航运企业以爱国主义为旗帜，在外国资本主义和国内封建势力及其代理人的重重压迫下顽强崛起，为挽回江海航权，振兴民族航运奋起抗争、艰苦探索、曲折前进的斗争史和发展史。

一　西方舰船大举入侵中国 江海面貌剧变

 臻于鼎盛的木船运输

　　我国古代航海活动曾以光辉灿烂的篇章彪炳人类文明史册。中华民族长期雄居世界航海的前列，扬威海外，经久不衰。中国古代航海家以勇敢的开拓精神和娴熟的航海技术，创造了举世公认的非凡业绩，为世界航海事业的发展作出了伟大贡献。

　　我国远洋航运在明代曾达到巅峰。明末清初，封建王朝厉行海禁，远洋与近海运输严重受挫。清康熙二十三年（1684）停止海禁后，近海、远洋木船运输次第恢复并得到较快发展。历来繁盛发达的内河航运，在康乾年间更进入鼎盛时期。

　　我国近海海域包括渤海、黄海、东海和南海。南北海疆以长江口为界，分别称之为南洋、北洋，各拥有深水良港，海上交通条件极为优越。

　　北洋航线以上海为船舶主要聚泊地，从上海分别辟有至烟台、天津、牛庄等航线，每年在华北与上海之间往返的木帆船约 1.4 万 ~2 万艘，以漕粮、大豆为大宗货源。道咸年间，北运南漕约 400 万石，其中一部分由沙船海运至天津。这些沙船返程时，再赴牛庄、登州装运大豆回上海，构成比较合理的三角航线。聚于上海的沙船约 3500 艘，大者可载漕粮 3000 石，小者 500 ~600 石。

南洋航线拥有上海、宁波、福州、厦门、广州等重要口岸，主要船型有乌船、蛋船和三不像船。从上海运往南洋各埠的货物主要有棉花、陶器、瓷器、茶叶、生丝及北洋转口的大豆。从厦门运往宁波、上海、天津、牛庄等地的食糖每年达数万吨，还有大量大米运往台湾、广东。福州则以木材、竹子、茶叶为大宗出口货源。

据粗略统计，嘉道年间，中国沿海帆船约有 5800 艘，68 万载重吨，年贸易总额 2629 万元（短途运输未计）。

远洋航线主要有中国新加坡线、中国暹罗线、中国南洋线、中国安南线和中国日本线。广州、厦门是驶往南洋各地远洋船的主要聚泊地。据 1830 年统计，中国与南洋各国往来船只总数为 315 艘，单船载重量 2000 石（约 120 吨）至 1.5 万石（约 900 吨），总吨位约有 7 万 ~8 万吨，其运输量约占中国远洋总贸易量的 90%，在当时远洋运输中居主导地位。东洋航线以上海、宁波为始发港，清顺治到道光年间，中国木船每年赴日本运铜数百万斤，后因日本政府限制铜出口，这一航线日渐萎缩。

中国是世界上内河航运最发达的国家之一。长江是中国第一大河，其货运量约占全国内河水运总量的70%，早已形成庞大的木船航运体系，各种商用船只的类型不少于300种。沿江各埠大多为木船集泊地，每年从长江各口岸开往上海的船只约有5300～5400艘，聚泊仪征的运河漕船和靠泊汉口的商货船只各在万艘以上。

珠江及其西江、北江、东江三大支流构成我国第二大内河水系，航运业特别发达，船只总运力在10万吨以上。此外，我国还拥有黑龙江水系及淮河、黄河、海河、钱塘江等众多河流，构成四通八达的内河运输网络。迄清中晚期，内河总运力约150万吨。

在漫长的封建社会，木船航运始终是连贯东西、沟通南北的主要运输形式，在国计民生中起着举足轻重的作用。总运力达数百万吨的各类船舶，在近海、大江、小河往返贩运，贸迁有无，便利了农产品与手工业品的交换，密切了地区之间、城乡之间的经济联系，促进了商品生产的发展和商业城镇的兴起，并从总体上强化了自给自足的自然经济。

到19世纪30年代末，中国木船航运的传统格局终于被西方殖民主义者的战舰和炮火所打破。

飞剪船横行伶仃洋

19世纪初，世界资本主义正处于上升时期。英国等老牌资本主义国家以炮舰为前驱，以商船做工具，在世界范围内狂热地寻找市场，扩大殖民地。幅员辽阔、物产丰饶的中国成为他们进行海盗式殖民掠夺的重要目标。

当时，广州是中国唯一对外开放口岸，经广州海关登记的外国商船逐年递增。但英国商人很快感到贸易形势对他们相当不利，他们没有什么东西来换取中国的货物，仅靠从印度运来数额有限的白银、棉花，难以抵消从中国大量购买茶叶、生丝所需的货款，英国的对华贸易出现了巨额逆差。

英国商人急于打开中国市场，他们发现，贩运鸦片是最有利可图的生意，于是不顾中国政府的多次禁令，非法向中国大规模倾销这一毒品。

鸦片本是一种麻醉品，原产于南欧和小亚细亚，后被移植到阿拉伯、印度和东南亚等地，唐代由阿拉伯商人带入中国。但当时人们仅把它作为药物使用，并没有人吸食。明末清初，鸦片被西班牙人与荷兰人先后带进福建、台湾，渐成单独吸食之物。葡萄牙在明万历年间窃据澳门后，开始向中国运销鸦片。英、美两国尾随其后，相继经营对华鸦片贸易。

1773年，英国政府给予东印度公司贩运鸦片的专利权。同年，英国商人把鸦片从加尔各答输往广州。他们先将澳门南面的云雀湾作为鸦片储存站，转运到澳门秘密销售。道光初年，清政府开始严厉禁烟，封锁澳门与黄埔鸦片通道，英国人遂将鸦片储存站转移至伶仃岛。19世纪30年代，东印度公司的对华贸易专利权被撤销后，英国鸦片走私商更加肆无忌惮地向中国倾销鸦片，1838～1839 年鸦片输入量达 4.02 万箱，比 5 年前增长近一倍。

美国向中国输入鸦片始于 1805 年。美国鸦片贩子同英国鸦片贩子沆瀣一气，其手段甚至更加卑劣。美英商人贩运鸦片的一般路线是：从印度孟买和加尔各答装载鸦片，经新加坡运到珠江和香港，然后设法转运到华南、东南各省与长江流域；返程时载运白银或中国其他高档货物。

驶入中国水域的英国鸦片船只最初大多为"贸易船"，又称"港脚船"，其载重量较大，单船可达 1000～1500 吨，但航速缓慢，在中印之间每年只能往返一个航次。这种船抗台风能力弱，火力配备不足，难以逃避清水师战船的巡查，甚至可能成为海盗猎取的对象。英国商人也曾利用过珠江上的快蟹、扒龙、瓜艇等当地船只装载鸦片出入珠江，但这些木船一般吨位较小，航速亦慢，远不能满足英商大规模走私鸦片的需要。于是，一种性能更加优越的飞剪船便应运而生。

飞剪船是一种新型快速洋式帆船，载重量一般为 100～300 吨，船身长而窄，吃水浅，篷帆多，船首装有凸出斜桅，驾驶灵活，顺风逆风均可行驶。1829 年12 月 12 日，英国人在印度建成第一艘飞剪船"红海盗"号，于同月 28 日装载鸦片 800 箱从加尔各答起航，次年 2 月相继驶抵澳门与广州，然后返回加尔各答，往返行程共 86 天。第一艘到达广州的美国飞剪船是布朗·贝尔船厂建造的"盎格伦纳"号（90 吨），船主为旗昌洋行。

　　飞剪船主要分鸦片飞剪与茶叶飞剪两种，前者盛行于 1830～1850 年间，载重约百吨，最大者在 200～300 吨。飞剪船行驶快捷，船上配备有强大火力，200 吨船一般置大炮 5～6 门，300 吨以上飞剪船配大炮 11 门和众多武装人员，如遇清军水师巡查追缉，即以武力抗拒，使中国水师难于防范。

　　为逃避清政府的检查，英国鸦片贩子在澳门、香港、伶仃岛附近及黄埔等地设置了一批趸船，专门储存飞剪船运来的鸦片。鸦片趸船上配备了武装人员和强大火力，是接转飞剪船的主要场所和庇护鸦片走私的"浮动堡垒"。

　　为便于鸦片走私，外国轮船也开始闯入中国水域。1836 年 1 月，"渣甸"号（58 吨）未获中国当局批准，擅自上溯珠江，后长期航行于澳门、伶仃岛、广州之间。到鸦片战争前夕，麕集珠江口的外国轮船已达 20 艘。

　　飞剪船、沿海航船、轮船、鸦片趸船相互配合，组成"鸦片船队"，共同经营专门贩运鸦片的黑色运输线，将大量鸦片通过珠江输往中国内地，致使烟毒泛滥，食者益众，给中国人民带来无穷灾难。

　　飞剪船横行伶仃洋的同时，英国还在中国水域进行赤裸裸的武装挑衅。1834 年 9 月，英国首任驻华商务监督律劳卑亲率战舰"伊莫金"号、"安德罗马奇"号非法上溯珠江，炮轰沿岸十几处炮台，因遇到中国水师的拦截才被迫撤出珠江。1835 年，"阿威尔"号私载货物闯入珠江，被中国海关扣留。1836 年，"渣甸"号再次非法驶入珠江，又被中国海关勒令退出。

但英国的入侵活动愈演愈烈，到 1838 年，广东内河已
有飞剪船及其他鸦片走私船 30 余艘，而停泊在虎门海
面上的 30～300 吨的大型走私船竟达 50 艘。以飞剪船
为主要运输工具的英国鸦片走私活动达到十分猖獗的
程度。

 3　间谍船三探长江口

飞剪船的试航成功和大规模用于走私，使大量鸦
片涌向珠江口水域。为了打通鸦片销售渠道并扩大其
他贸易，英国入侵者决定对广州以北的中国水域进行
窥探。英国商人早就觊觎长江这条黄金水道，认为这
是"世界上最富饶的内河流域"，要求英国政府"尽可
能夺取长江上的一些贸易"。鸦片战争前，英国当局曾
三次委派郭士立乘坐间谍船实地"考察"中国沿海与
长江，收集了大量政治、军事、经济情报。

郭士立是一名披着传教士外衣的鸦片贩子。1831
年 6 月，他受设于澳门的英国东印度公司大班林赛的
委托，首次前往中国沿海进行侦察活动。郭士立会说
汉语，乘坐的是中国商船，又以行医卖药为掩护，从
而躲开了中国当局的盘查。8 月，他偷偷进入长江口，
对上海港进行了一番考察，得出了上海"是中国国内
贸易的主要商业城市"的结论。同年底，郭士立返回
澳门，向林赛汇报了考察情况，使英国商人"深受鼓
舞"。

1832 年 2 月，郭士立陪同林赛（化名胡夏米），

乘坐飞剪船"阿美士德勋爵"号（560 吨）从澳门出发，作第二次间谍航行，其主要任务是进一步收集中国江海航运等情报。江苏巡抚林则徐等对这次非法航行有所警惕，派兵船前往堵截，并张贴告示晓谕居民船户。

狡猾的林赛与郭士立躲开清军的堵截，趁夜色尾随中国帆船航行。3 月 26 日进南澳，4 月抵厦门、福州，5 月入宁波，6 月 17 日过舟山群岛，于 6 月 19 日到达长江口海面，第二天又窜入吴淞口，他们不顾吴淞炮台多次开炮警告，换乘小船溜进黄浦江，靠泊在上海小东门外的天后宫码头。6 月 21 日，两人又大摇大摆闯进道台衙门，提出贸易要求，遭到上海道台的断然拒绝。他们竟无理纠缠，赖在上海达 19 天之久，多次潜入市区和吴淞炮台等地刺探商务、军情，并特别注意收集航运情报，偷偷乘小船躲进芦苇丛中，待了整整一个星期，逐一查点进出上海港船舶的数目。此外，郭士立、林赛等还乘船测量吴淞口和黄浦江下游航道，并绘制了海图，取得了较为详尽、系统的航道、水文、港口、船舶等航运情报资料。7 月 8 日，郭士立等离开上海港，前往山东、辽东沿海和朝鲜沿海，于 9 月 5 日返抵澳门。这次航行使英国人坚信"完全有可能打开上海口岸"。

同年 10 月 20 日，郭士立乘坐鸦片飞剪船"气精"号，开始了第三次沿海航行。12 月，他再次经长江口进入上海港，停留 10 天，继续从事间谍活动。

郭士立向英国政府提交了一份内容特别详细的报

告，竭力强调中国沿海地区特别是上海港的优越地位。他认为，英国只能以武力打开中国大门，而绝对不能用磋商交涉达到目的。郭士立、林赛返回英国之后，更大肆鼓吹武装侵略中国。1835年，林赛向英国外交大臣巴麦尊正式提出对华作战方案，主要内容有：调遣海军舰队来华，封锁广州、厦门、上海、天津等沿海港口，在港区附近驻泊小型舰队。这些建议受到英国政府的高度重视，1839年巴麦尊提出的对华作战方案，就是根据郭士立及其他英国间谍船提供的情报拟订的。

间谍船在中国沿海非法航行，是英国发动侵华战争的前奏。而清政府竟对英国侵华意图一无所知，对间谍船的猖獗活动漠然视之，听凭"阿美士德勋爵"号在中国沿海和长江口活动达半年多。地方军事当局甚至让英国人随意参观军营和炮台，听凭他们收集水师兵力配置与炮台数目、大炮口径与射程、清军作战方式与指挥技能等重要情报。由此可见，清政权昏聩到了何等地步。

 木舟长矛迎战坚船利炮

在做好充分准备后，英国内阁于1838年10月1日正式通过侵华决议案。1840年6月，英国"东方远征军"悍然封锁珠江口，禁止中国船只进入广东内河，鸦片战争爆发。

封闭、愚昧、落后的中国封建王朝，面对迅速崛起的欧美资本主义国家的入侵，明显居于劣势。中国水域上空已阴霾密布。

在珠江口战役中，中英船舰实力悬殊。且看表1-1。

表 1-1 珠江口战役中英船舰实力对比表

国 别	船舰数量	兵 力	船舰状况	火力配置
中 国	战舰 80 艘，民船 100 余艘	船工等 5000 余人组成水勇协助水师作战	老式蛋船、乌船、三不像船、快蟹、扒龙等，靠人力驱动，吨位小，航速慢	配备土炮、弓箭等老式武器
英 国	军舰 15 艘，武装汽船 4 艘，运输船 28 艘	武装士兵 4000 人	轮船、新式夹板船、军舰等，在航速、载重量、适航性等方面均占优势	各舰配备西洋大炮 10～74 门，其中 13 艘军舰共配大炮 470 门

中国船舰虽处于劣势，但钦差大臣林则徐坚信"民心可用"，采取了一系列备战措施，除整顿水陆各军、增加一线兵力、新建改建炮台、秘密购置洋炮外，还特别重视扩充船舰实力，购买美国"甘米力治"号商船，将其改成军舰，舰上设有能够移动的炮位，并将一批民船改造为兵船，以抵御英舰。船上水手在这场反侵略战争中发挥了重要作用。他们驾着小船，冒着敌军炮火，在珠江往返运送官兵和辎重，并自动组成小分队，或偷袭英军战舰，或焚烧英国船只。英军防不胜防，一些舰船只好东漂西荡，行无定所，夜晚也四处游弋，不敢泊岸。

在广东军民英勇抗击下，英国船舰在珠江口的军事行动严重受阻，转而北犯东南沿海。1840 年 7 月至 1842 年 5 月，英军先后攻陷定海、厦门、镇海、宁波、乍浦等沿海港埠，并派军舰赴天津大沽口，对清政府进行恫吓。

上海港及其长江腹地早就为英国殖民主义者所注视。1839 年 4 月，英国驻华商务监督义律在致英国政府的密信中，提出以武力封锁运河口与长江口的建议，得到外交大臣巴麦尊的重视和支持。1842 年 4 月，英国企业委派璞鼎查任中国贸易正督官，统一指挥调度在华英军。经过紧张准备，英军于 6 月 8 日完成了在吴淞口的集结。中国军民则以木舟长矛迎战英军的坚船利炮。在特定意义上可以说，这是中外舰船实力的一次大较量。现将 6 月 16 日吴淞战役、7 月 20 日镇江战役和 8 月 9 日南京战役中，中英舰船概况列表如下。

表 1-2　长江战役中英船舰实力对比表

地　点	国　别	船舰数量与技术状况	兵力情况	火力配置
吴　淞	中　国	船队由 13 只旧式木船组成，大者百余吨，小者几吨，凭人力或风力驱动，另有以辘轳推动的土制水轮船 3 只	3000 余人分守吴淞、宝山	仅配有土炮、弓箭，兵士手执长矛大刀
	英　国	炮舰 25 艘，轮船 14 艘，其他船舶（不含运输船）9 艘。炮舰系二桅或三桅帆船，甲板 5 层；轮船单船排水量 600 余吨；航速快，机动性强	共 1 万人，实际入江作战兵力 7000 余人	各舰分别备置西洋大炮 6～72门

地点	国别	船舰数量与技术状况	兵力情况	火力配置
镇江	中国	旧式战舰 36 只，分驻江阴、瓜洲、大港等地，另有木船若干只。船只陈旧，吨位小	水师左右两营，计 4000 人	兵力单薄，器械陈旧
	英国	各类船舰 72 艘，其中军舰 11 艘，轮船 9 艘，运兵船 4 艘，运输船 48 艘，共编成 5 个纵队	6907 人	各舰分别备置西洋大炮 6～72 门
南京	中国	旧式战船 16 只，民船 70 只，水轮船 4 只	1.5 万人	装备上同样处于劣势
	英国	船舰共 72 艘，其中军舰 11 艘	6000 余人	各舰分别备置大炮 6～72 门。

　　我爱国军民屡经血战，勇御外敌，但长江三次战役均以中国的失败告终，其船舰损失如下：吴淞陷敌时损失水轮船 3 只，帆船 13 只；镇江之役失漕船 700 余只，商船 300 余只，旧式战舰 30 余只；南京之役损失船舰约 90 只。

　　中国之所以在鸦片战争中失败，有其深刻的社会、政治、经济、军事原因。其中，船舰技术落后和军政当局的昏聩无知也是两个重要因素。在吴淞口战役中，清军仅以十几只帆船迎战，开始就未能取得制海权，在英军炮舰强攻下，吴淞陷敌，老将陈化成等百余将士壮烈殉国。入侵者凭借坚船利炮打开了长江门户，兵临镇江城下。两江总督牛鉴竟胡诌，"长江沙线曲折，洋船断不能入"，拒绝在沿江一线认真布防。镇江军民与敌展开巷战与肉搏战，击毙（伤）敌 164 人，终因缺乏性能优良的舰船和先进的武器装备，使镇江很快陷入敌手。南京百姓则自发组织团练义勇，准备与敌血战，仅江北数日之内便组织起义勇八九万人，而握有重兵的清廷大员却被敌军炮舰吓昏，竟不战而降，说英船"非兵力所能制伏"。牛鉴更荒唐地以为轮船行驶"系用牛拉"，到亲眼看到英舰"臬华丽"号"叹而信之"。

在敌人炮火威逼下，钦差大臣耆英、伊里布同璞鼎查于 1842 年 8 月 29 日在"臬华丽"号军舰上签订中国近代第一个不平等条约——《南京条约》，揭开了中国水运史上屈辱而痛苦的一页。

鸦片战争给中国人民留下了十分深刻的教训。落后必然挨打，木舟长矛迎战坚船利炮，结果终不免遭到失败和蒙受耻辱。

洋人出任上海港务长

根据 1842 年签订的中英《南京条约》，清政府同意开放广州、福州、厦门、宁波、上海五处通商口岸。条约规定："凡有英商等赴各该口贸易者，勿论与何商贸易，均听其便"，即承认英国商船可在五个开放港口自由运输。珠江口、闽江口、长江口从此门户洞开，中国沿海航权开始逐步丧失。

1843 年 7 月，英国入侵者又胁迫清政府签订《五口通商章程》，共 15 款，附有《海关税则》，在香港公布施行。10月，中英在虎门签订《五口通商附粘善后条款》（又称《虎门条约》），作为《南京条约》的补充条款。英国人进一步攫取了领事裁判权和关税值百抽五、片面最惠国待遇、在通商口岸圈划租界以及英国军舰常驻中国港口等许多特权。英国人对上述条款甚为满意，特别是对《通商章程》中有关再次大幅度降低绝大多数进出口货物税率的规定更喜出望外。英国全权代表璞鼎查就公开说，这个税率"在各方面都比任何商人敢于建议的更为有利"。

《南京条约》签字后不久，通商五埠的港口管理权便相继为外国人所攫夺。

上海是率先开放的港口之一。上海尚未正式开埠前，英国炮兵上尉巴富尔于1843年11月8日乘坐轮船"美达萨"号（即"魔女"号）到达上海港，出任驻上海第一任领事。到任刚几天，他便要挟地方当局将上海港立即对外开放。未经上海道台宫慕久正式批准，巴富尔匆匆忙忙于11月14日用英文发布《领事馆第一号告示》，擅自宣布上海港从11月17日起正式开港，并越权规定了上海港的港区范围。不久，巴富尔又无视中国主权，竟然宣布：上海港内船只移泊必须得到英国军舰的允许。

1845年11月，巴富尔胁迫宫慕久签订《上海租地章程》，规定由英国领事按年召集外国商人开会，推举出"道路码头委员会"，由这一机构代行港口管理的某些职权。

上海开埠后，进出口船舶日渐增多，但港口未设专门管理机构，按照当时各条约的规定，"中国无从统辖"，各国船只由该国驻沪领事同船长"自行料理"。由于各国领事只顾自身利益，各行其是，致使港口秩序一片混乱，船只碰撞事故时有发生。各洋行为维护自身利益，纷纷请求制定港章并任命一名外国籍港务长。延至1851年秋天，美、英、丹、荷、葡五国领事联名推荐并强迫上海道台同意，于9月24日由英、美、法三国领事联名在《北华捷报》上发布通告，宣布美国船长贝莱士为上海港港务长，从而开了外国人主管中国港口的先例。这一职务名义上由上海道台任命，是上海道所属河泊所（理船厅）的主管，薪俸也由上海道支付，其地位大致相当于现在的港务监督长，主要职责是代表国家管理在港的中外船舶，维护港口秩序。设立港务长一事本身无可厚非，但在当时的历史条件下，这一重要职务由外国人担任，结果必然使上海港主权旁落。在贝莱士担任港务长的同一天（9月24日），《北华捷报》刊登了以上海道名义发布的《上海港口管理章程》，这是中国近代第一个港章，它明确规定了外国商船停泊的港区范围和港务长的职权，并就外国危险品船只的停泊和外籍船员的岸上居留等问题作了较严格的限制，这对改变外国船只停泊区的混乱状况、维持港口的秩序有一定积极作用。

但是，外商希望在上海港获取所谓"绝对自由"，对实行港章持阻挠和抵制态度。以英国为首的外国商人将港务长一职视为肥缺，不甘心这一职务落入他人之手，明争暗斗始终未断。外商以各种借口抵制港务长行使职权，甚至拒绝缴纳港务费，部分外国商人还联名在报纸上发表声明，要求"公开竞争"港务长的职务。这时凑巧有一艘英国商船因违章停泊被贝莱士处以罚款，英国人以此为借口，要求撤换贝莱士，其他各国商人趁机发难，纷纷要求贝莱士下台，任职仅一年的贝莱士不得不于1852年离职。

此后，上海港务长一职整整空缺了10年之久，港口管理再度陷入混乱，各国领事继续各自为政，港章几乎成了一纸空文。直到1862年，经英国驻沪领事和江海关英籍税务司极力推荐，上海海关监督任命英国人贺克莱担任上海港港务长，他所拥有的职权比贝莱士大得多，其职责范围包括指定船舶泊位、维护港口秩序、管理港区浮筒航标等，并负责管理长江灯船、浮筒航标及码头建筑等事务。上海港警于1868年成立后，也由港务长指挥调度，这支水上武装力量是外籍港务长统治中国港口的工具。

在上海港开埠前后，其余四港也相继开埠。1843年7月17日，广州率先开埠通商。同年11月1日厦门开埠。1844年1月1日宁波开埠。1844年7月3日福州开埠。19世纪60年代初，长江中下游港口先后对外开放。上述港口相应设立了外籍港务长。如1861年11月汉口设江汉关，由英国人爱普顿担任汉口港首任港务长，此后港务长也均由外国人担任。其他开放港口的情况也大抵如此。

外国人出任港务长，是中国港口半殖民地化程度日益加深的集中表现，也是中国近代港口管理的一大特征。

6 遭到毁灭性打击的豆石运输

继五口通商之后，外国入侵者把目标转向沿海所有水域，力图全面攘夺沿海航权。他们对中国传统的沿海转运贸易——豆石运输表现出特别浓厚的兴趣。

大豆是我国沿海大宗货源。东北、山东所产大豆，历来都从牛庄、登州两处口岸用沙船运往上海，转销东南各省，被称作豆石运输。承运豆石、豆饼的沙宁船在道光年间有 3000 余只，咸丰年间 2000 余只，船上水手多达 10 余万人。豆石贸易曾盛极一时。

外国人早就试图染指豆石运输，但长期未能得逞。1842 年《南京条约》虽许开五口，但规定外国商船不得在各个开放港口之间往返运输。1843 年《虎门条约》又重申了这一规定。1856 年，英国政府在写给驻华公使的信中承认："根据《南京条约》，我们没有经营中国土货沿岸贸易的权利，并且这种权利也没有滋生出来。"

但外国入侵者从来就没有也不会接受条约的束缚，在打开中国五口之后，又纷纷以走私或其他非法手段在沿海各港口之间贩运货物，其中包括北方的豆石。据 1850 年《上海年鉴和行名录》统计，这一年下半年到达上海的 141 艘英国船（3.23 万吨）和 51 艘美国船（2.72 万吨）中，各有 1/3 左右从事沿海贸易。外商走私活动日益猖獗,从"试探性"的不公开的活动,发展为明目张胆的"自由往来"。活动范围非常广泛。南至香港,北至天津、烟台等地。据烟台地方官员向清廷递呈的报告称:"外国商船,有至登州、牛庄及沿海各处贩运洋药,装豆南下",在烟台,外国商船不仅"停泊贸易",而且"买地造屋",专门从事大豆及其他土货贸易。

但是,上述活动毕竟不合法,并受到许多限制。因此,英国外交大臣克勒拉德斯1857年大为不满地说:"目前贸易只限于五个通商口岸,外国人只能前往这五个口岸。"他发誓要"竭力解除这些对华贸易的限制",即全面、公开地夺取中国沿海航权。这是导致第二次鸦片战争爆发的重要原因之一。1858年,中英、中法《天津条约》增辟牛庄(后改为营口)、登州(后改为烟台)、台湾(后选定台南)、淡水、潮州(后改为汕头)、琼州等埠为通商口岸,外国势力在沿海的营运范围进一步扩大。

但是,豆石运输仍不在条约允许之列。1858年中英《通商章程善后条约》就此规定:

第一,凡米谷等粮,不拘内、外土产,不分由何处进口者,皆不准运出外国。

第二,豆石、豆饼在登州、牛庄两口者,外国商船不准装载出口。

由于北洋线除豆石之外,只有少量杂粮南运,来北方的外国船只很难揽到回程货。英国驻华公使卜鲁斯遂于1862年2月向清总理衙门提出开放豆禁的要求，强迫清政府允许外国船只去牛庄和登州装运豆货。未等清廷批准，一些外国轮船便已偷偷参与豆石转口贸易，使沙船业主和大批船工面临失去生计的危险。同年初，船商王家盛等联名禀报上海道台转两江督抚和总理衙门，请求禁止外商承运牛庄豆石，并将上海一埠的豆石，专归华商承运。这一要求得到李鸿章的赞同，但遭到英国公使卜鲁斯的无理反对。在英国的压力下，清政府于同年宣布对外"许开豆禁"。

豆禁一放开，外国航商立即蜂拥进入牛庄、烟台抢运大豆。1862 年，到达牛庄的外国船只 86 艘、27747 吨，1865 年增至 247 艘、91118 吨。进入烟台的外国船只 1862 年为 348 艘、107450 吨，而 1866 年增加到 493 艘、173830 吨。其中不少是空船进港，专为运载大豆而来的。大量外国轮船、夹板船涌进牛庄港，使该埠沙船进口量减少 1/3 以上。沙船承运的豆石锐减，上海道台提供的一份报告承认，因"无力转运"而"停泊在港"的船只"不计其数"，"沙船赀本亏折殆尽"。

上海等地航商迫于生计，于 1863 年再次联名呈报官厅，要求停开豆禁，为帆船业保留一线生机。清政府既怕激起民变，又怕影响漕运，遂照会卜鲁斯，切磋停开豆禁事宜。卜鲁斯在复照中竟借词对清政府进行恫吓，声言"此举未免有失机宜"。当时，清政府为镇压太平天国农民起义急需洋人的军事援助，故对于豆禁之事，再也不敢提议。

1863 年中丹（麦）《天津条约》第 44 款明文规

定，允许外国商民在沿海通商各口载运土货。美国公使蒲麟亨在致美国国务院的报告中兴高采烈地欢呼："这样，一切外国船只，有权参加这一最重要的沿海商业了。"至此，中国沿海航权丧失殆尽，大豆等土货运输完全被外国轮船所控制。

中国航商再次为谋求生存而挣扎。1864 年，沙船商人又一次联名禀报江海关道，请求"专将上海一口豆石，仍归内地商人运销"。李鸿章向总理衙门转呈了这份报告，同样未被采纳。

在外国航运势力的打击下，曾以专司豆石、漕粮运输而十分活跃的沙船业逐步衰落、凋敝，停泊在上海港的沙船"以千百号计"。沙船数量急剧下降，道光年间有 3000 余只，到同治六年（1867）仅剩四五百只。中国沿海豆石运输业遭到毁灭性打击。

从 1844 年到 1918 年，美国、法国、英国、俄国、德国、丹麦、荷兰、西班牙、比利时、意大利、奥地利、秘鲁、巴西、葡萄牙、日本、瑞典、瑞士等 17 国，依照历次不平等条约或"最惠国条款"，先后取得了在中国沿海的贸易权，使中国海运事业深深打上了半殖民地的耻辱烙印。

外轮出没与海盗护航

自古以来，海盗是商船最危险的敌人。中国水师对沿海海盗进行过多次追缉围歼，海盗活动曾一度销声匿迹。

鸦片战争使中国水师战船大多被摧毁，战后，不仅本地海盗卷土重来，外国海盗船更频繁出没，敲诈抢夺，无恶不作。

从山东沿海到南中国海，到处可以看到配备武装的外国飞剪船在游弋，不时袭击或劫夺中国商船。上海开埠未久，海盗飞剪船"投机"号和"迦太基"号在长江口外袭击中国帆船，被中国水师捕获。在英国政府强烈要求下，案件移交香港当局处理，结果不了了之。

外国商船经常在各通商口岸或非通商口岸之间，进行大规模的走私活动和非法贸易，如果遇到中国水师缉查，他们便无理纠缠，甚至以武力抗拒。各国领事对这类走私活动持纵容庇护态度，使走私成为一种"公开的违法行为"。这种凭借武力非法走私的外国商船实际上也是海盗船。

烟台至上海沿海是外国海盗船活动最猖獗的水域之一。据1860年山东地方官员薛焕等人向清廷奏报，两天内便有40余只英国船在山东海面出没，抢劫沙船30余只和卫船40余只，将船上货物抛入大海，砍去船桅，将两船连在一起，带驶他处。另据薛焕等报称，一只外国火轮船一天就劫夺商船11只，包括运输漕粮的山东沙船和运输豆石的天津卫船，其中一只天津卫船在外洋被英国船只劫走白银2100两。

这种海盗活动在长江同样猖獗，"来往于汉口的船只很少有安然不受攻击"。外国船只对行驶长江的中国木船肆意攻击，横冲直撞，"他船稍失回避，一与相碰，立成齑粉"。更有甚者，他们竟串通官府，诬良为盗，肆意迫害中国船民和客商。

由于外国海盗穷凶极恶，中国水师往往望风而逃，商船更易受到攻击。西方冒险家们便打起"护航"的旗号，以保护中国帆船为名，组织起所谓"护航"船队，使海盗行为合法化。他们将西式双桅帆船、飞剪船、快艇、火轮船组成船队，各船均配有武器，一条快艇配火炮 10～12 门。"护航船队"活动于广东、福建、浙江沿海及长江口，向所有进出口岸和在邻近海域航行的商船、渔船及其他船只征收"保护费"，每只商船约收白银 300 元。一年内可向渔船、运木船、福州贸易船征收护航费 25 万元，征收其他船只的捐费约50 万元。

参与这种丑恶活动的主要有英国人、荷兰人和葡萄牙人，而以葡萄牙人的表现最为凶狠贪婪。1852 年9 月，一艘中国商船被葡萄牙"护航"快艇劫持，并被诬为海盗船，虽经宁波地方当局调查后据理批驳，但葡萄牙领事却对其"护航"船队纵容袒护，竟将中国商船和船上货物无理没收，赏给"护航"快艇。

"护航"船队同海盗一样，也干杀人越货的勾当。葡萄牙"护航"船队有一名马耳他岛人马尔利尼，经常乘快艇攻击沿海沙船，屠杀船民，并袭击村落，对未设防的居民施以各种各样的残暴和勒索。

"护航"船同海盗船没有多大区别，这种"护航"实际上就是海盗"护航"。外国人对此也供认不讳，英国驻华公使额尔金 1858 年写给英国外交部的报告中承认：这些护航船"表面上是为了保护沙船，以防海盗，可是他们在许多事例中正证明他们本身就是最恶毒的海盗船，这已经是恶名昭彰的事实"。

此外，护航船还从事一些间谍活动，他们往往以"追捕海盗"为借口，深入我国沿海一些非开放海湾、港汊，收集水道情报。

由于中国沿海航权已丧失殆尽，中国水师又缺乏起码的保卫海疆的作战能力，只好听凭外国海盗船在中国水域为所欲为。

 ## 8　英国舰队的"试探性旅行"

外国入侵者对物产丰饶的中国内河腹地垂涎已久。夺取内河航行权，让外国舰船"自由出入"内河各港口，是他们长期追逐的目标。

上海开埠未久，英国领事阿礼国就毫不掩饰地声称："如果长江的商业大干道不向我们货运开放，英国货物的进口将无法增加。"美国人也认为："只要整个内地都开放，中国就会成为美国工业之最有价值的市场，其价值大于美国现行所能进入全世界一切市场之总和。"

1854年，英、法、美等国向清政府要求"修约"，允准外国船只在长江"自由航行"。美国公使马沙利向两江总督怡良提出开放长江及其支流的要求。同年5月，英国政府训令驻华公使文翰致函清政府，认为"中国应毫无保留地开放全国城市和港口给英人通商"。

这些要求遭到清廷拒绝。

　　1856 年，英法两国发动第二次鸦片战争时，再次公开发出"自由上溯中国各大江河"的叫嚣。1858 年 6 月，英、法分别胁迫清政府签订《天津条约》，其中规定：长江一带各口，英商船只俱可通商，除镇江一年后立口通商外，其余俟地方平靖，准将自汉口溯流至海各地，选择不逾三口，准为英船出进货物通商之区。这一规定实为长江航权丧失之肇端。此外，该条约规定子口半税，即子口税为进出口税率（5%）的一半（2.5%），还规定对外国船舶实行降税、轻税和免税政策。

　　同年 11 月 8 日，英国特使额尔金与清政府全权代表桂良等签订《通商章程善后条约：海关税则》，再次降低 1843 年"税则"规定的低税率，并对一系列进口商品作了十分广泛的免税规定。外国入侵者颇感满意，英国人阿礼国情不自禁地欢呼："哪个国家有像中国这样低的对外贸易税则呢！"

　　《通商章程善后条约：海关税则》的签订，使额尔金十分兴奋，签约当天下午，他便迫不及待地乘坐明轮巡洋舰"狂怒"号从上海出发，上溯长江腹地，进行所谓"试探性旅行"，由"报应"号、"驱逐"号、"迎风"号、"鸽"号等舰艇护航。其中"鸽"号、"迎风"号分别是 60 马力与 80 马力的炮舰，"驱逐"号是一艘有蒸汽辅机的单桅军舰，"报应"号是一艘明轮巡洋舰。这支舰队沿途勘察测量航道，制作航道草图，具体策划沿江开埠事宜。舰队航程达 1000 余公里，历时近一个月，于 12 月 6 日驶泊汉口江面。湖广总督官文在武昌接见了额尔金，并嘱咐地方官吏及水师员弁对英国人"妥为照料"。英国舰队在汉口逗留一周，于 12 月 13 日起锚东下，途中在九江活动 4 天，并特意留下大船两艘，停泊近 1 个月，以便详细收集九江口岸情况。1859 年元月 1 日，这支首次侵入长江腹地的英国舰队返回上海港。

1861 年 2 月 11 日，英国驻华海军司令贺布奉额尔金之命，率领一支规模更大的舰队再次上溯长江，舰队由 10 艘炮艇组成，载英国官兵数百人。宝顺洋行的"长江"号等多艘火轮船尾随西上，由英国参赞巴夏礼全权指挥。同行者有宝顺洋行行主韦伯、琼记洋行经理费伦等。2 月 19 日，巴夏礼与英海军提督和普等官员乘火轮船驶抵镇江，勘察镇江云台山、甘露寺等处地形，会见了江宁将军巴栋阿、镇江知府师荣光等，主要商谈镇江开埠等事宜，2 月 23 日，双方签订"租地批约"。

3 月初，巴夏礼、贺布等乘坐的 7 艘火轮船陆续抵达九江，他们在会见饶九道文恒、知府程元瑞后，继续西行，特命领事官许士留浔查探鄱阳湖腹地水势及地方情形。7 日，贺布舰队中的一只轮船率先抵达汉口。次日，英国官员威司利入武昌城晋见湖广总督官文，自称前来"查看地势、立行通商"。3 月 12 日，巴夏礼船队也到达汉口，巴夏礼与贺布于当天和次日分别晋见官文，声称此行系"查办九江、汉口开港事宜"，要求让其船队继续上航。贺布等不顾官文的劝阻，于 3 月 15 日率火轮船两只溯流而上，勘察岳州等地水势，17 日返汉。在汉口活动数日后起锚返航。

巴夏礼等返抵九江后，与先期专程来浔的江西布政使张集馨商谈九江开埠事宜，经过数日激烈辩论和实地察看，双方于 3 月 25 日签订《九江租地约》，将九江定为通商口岸。

贺布舰队西行的目的，是以炮舰胁迫清政府尽快将长江中、下游港口对外开放。舰队返沪不到一个月，英国驻沪领事馆就单方面采取了行动，不待清政府换文同意，于 4 月 27 日擅自公布《扬子江贸易章程》，宣布汉口、九江为对外开放的商埠。在外国势力干预下，长江一批港口相继对外开放，《扬子江贸易章程》公布仅 10 余天，镇江便于 5 月 10 日正式开埠并于 6 月 5 日设立了海关。同年 11 月，汉口设立江汉关，翌年 1 月 1 日正式开关通商。12 月 21 日，九江海关也正式开关征税。

1858 年至 1918 年的 60 年内，先后有英国、俄国、丹麦、荷兰、西班牙、法国、比利时、意大利、奥地利、秘鲁、德国、巴西、葡萄牙、日本、墨西哥、美国、瑞典、瑞士共 18 个国家，依照历次不平等条约或所谓"最惠国条款"，取得了长江航行权。从此，在中国这条最大内河上，轮船麇集，洋旗翻飞，长江已成为外国航业资本争利逐鹿的场所。

 9　外商向支流内港的渗透

外国入侵势力力图向中国内河支流及内港（下简

27

称"内河")渗透。最晚不超过 1860 年，怡和、宝顺等洋行已派人前往江西河口、景德镇等地"置货"。1861 年，在汉口的洋行除旗昌、宝顺、怡和等大洋行外，又出现了杜德雷、麦克凯拉、威里森、兰哈德等中小洋行或经纪商。在九江，截至 1864 年开设的洋行（分行）已有 16 家。1864 年 12 月初，鲁麟、旗昌、吠礼查等洋行派出小轮船数只，前往苏州等地，搭载乘客或装运棉花湖丝，此举遭到总理衙门的明令禁止："嗣后不准再用小火轮船入内地"。

　　上海的洋行急剧增加，1845 年只有洋行 11 家，1865 年已达 88 家。但外商欲壑难填。1866 年 4 月 2 日，怡和、鲁麟、惇裕、琼记、旗昌等洋行发出所谓"呼吁"，要求中国政府承认外国轮船行驶中国内河的"合法性"，这一要求被中国政府断然拒绝。9 月，法国公使照会总理衙门，要求让法国轮船驶往内河。1867 年元月，总税务司赫德致函总理衙门，要求废除不许小轮驶入内河的禁令，他提出："与其禁止小轮船，何若亦令华商作轮船生意"。这一年，法、英、美等国驻华公使先后向中国政府提出扩大航权、开放内河的要求，均遭到中国政府的拒绝。1868 年 11 月 23 日，美国政府在写给恭亲王的信函中，又一次强调"内河通轮问题"，声称"扬子江上游内河、鄱阳湖及天津白河航线，通行小轮，甚至拖轮都有很大好处"，这次交涉同样毫无所获。外国商人一再违反禁令，私自驶入南京、苏州等地内河，均为中国政府所阻止。清政府后被迫在内河行轮问题上作出某些让步，如

1869 年 9 月与英国签署《新定条约》，允准英商进入鄱阳湖，但须乘坐由九江海关监督自备轮船拖带的中国式样的船只。外国入侵者仍未完全达到在内河支流内港自由行轮的目的。

把船只驶往川江是外国入侵者追逐的又一目标。从 19 世纪 60 年代初开始，外国人相继染指川江。1861 年，一批外国冒险家私自乘帆船入川，考察川江航道，驶抵夔府，历时 5 个月之久。1864 年，法国探测队由云南进入四川叙府、重庆等地，并写出《四川矿说》等报告。1868 年，英国宗教界人士杨革非与韦雷从上海出发，经武汉抵达重庆、成都等地，行程 9000 余里，此行主要收集四川政治、经济等方面的情报。1869 年，英国海军道逊上尉秘密测量宜昌至夔府的航道。这一年，英国驻汉口领事馆派人乘木船入川，从 4 月 30 日 ~ 5 月 12 日，他们先后到达万县、忠州、丰都、涪州、长寿等地，最后抵达重庆，在此行中，他们"全力以赴地从各方面收集情报"，并与当地商人"保持着密切联系"。同年，上海英侨商会的代表密琪和弗朗西斯到达重庆，"制定在长江上游开放更多口岸的策略和意见"，一些英国商人露骨地提出，希望各个省的总督都给他们"颁发从进口港到该省任何其他港口的航行证"，并表示特别"倾向于开放四川重庆"。

英国商人还企图在汉水行轮，1869 年，英国驻汉口领事馆在一份报告中声称，如果允许轮船"停靠沙洋，并通过运河与长江上的沙市连通的话，汉水轮运将更加发展"。

尽管这些目标暂未实现，但外国官方和商人入侵中国支流内港的意图却暴露无遗。

沙俄船队武装远征黑龙江

在英、法等国攫夺中国沿海和长江航权的同时，沙皇俄国对中国东北水域也加紧了入侵活动。

两次鸦片战争的爆发，为沙俄入侵中国内河黑龙江提供了绝好机会。通过俄国军人穆拉维约夫的四次远征，沙俄终于控制了中国东北的水上通道，实现了几代沙皇的梦想。

1843 年，沙皇政府外交部提出了一份旨在"为俄国的贸易打开中国的某些商埠"的计划，为此设立了"特别委员会"。第二年，俄国科学院院士米登多尔夫率勘察队在外兴安岭南麓的牛满河、古里河等地进行"考察"。1846 年，沙皇又派海军少尉加夫里洛里秘密勘察黑龙江口。1847 年 9 月，沙皇尼古拉一世任命穆拉维约夫为东西伯利亚总督。在穆拉维约夫亲自安排下，船长涅维尔斯科伊详细考察了黑龙江通航情况，于 1849 年 6 月 24 日驾驶"贝加尔"号开进中国领海，7 月 9 日驶入黑龙江，这是入侵中国水域的第一艘沙俄兵船。经过涅维尔斯科伊等人的多次秘密勘察，证明黑龙江口完全可以通航。

此后，沙俄对黑龙江开始了更大规模武装入侵。1850 年 10 月，沙俄外交部公然照会清政府，以外国船只已在黑龙江口行进为由，要求在黑龙江上设防。当这一无理要求被清政府拒绝后，沙俄仍继续在黑龙江水域加紧活动。到1852年，沙俄军人的足迹已经到达兴凯河、黑龙江下游右岸、鞑靼海峡沿岸、图古尔河上游、奇集湖、克默尔湾、乌苏里江等处。沙俄大规模入侵黑龙江的各项准备已完全就绪。

1854年5月26日，奉皇太子亚历山大的命令，穆拉维约夫率领一支拥有70多只船的船队进行首次远征。4天之后，这支船队闯入黑龙江水域，6月9日到达瑷珲城，并继续沿黑龙江下驶，抵达牛满河口。在这次远征中，穆拉维约夫乘坐汽船"额尔古纳"号，这是轮船首次在黑龙江航行。

1855年5月20日，穆拉维约夫开始第二次武装入侵黑龙江。这支俄国远征船队有大船10艘，中小船只90艘，士兵2500人，加上屯垦边民共约7000人。6月下旬，这支船队陆续驶抵黑龙江下游。10月下旬，在黑龙江上行驶的俄国大小船只达到126只。

同年底，沙皇亚历山大二世委任穆拉维约夫为与中国谈判的全权代表，批准他进行第三次远征。1856年5月，一支由卡尔萨科夫率领的拥有1660名武装人员的远征船队开始起程，6月2日到达瑷珲附近，并在黑龙江下游建立更多基地和仓库，企图造成武装占领黑龙江水域的既成事实。

1856年，英法发动第二次鸦片战争，沙俄立即在北方遥相呼应。1857年5月28日，穆拉维约夫等在两营步兵、一支野战炮兵的护卫下，第四次武装航行黑龙江，他下令把黑龙江左岸的屯居地向前扩展，并把世代居住在黑龙江北岸的居民驱赶过江去。1858 年 2 月，英法联军进攻广州城的战火尚未止熄，俄国全权大使普提雅廷便照会清政府，提出应以黑龙江左岸和乌苏里江右岸为俄国边界，"对中国领土要求的全盘主张，俄国人终于向中国人端出来了"。4 月，英法联军炮轰大沽炮台，沙皇认为这是以谈判取得黑龙江航权的最好机会，于是命穆拉维约夫率军从海兰泡赶到瑷珲，威逼黑龙江将军与之谈判，5 月 28 日签订了中俄第一个不平等条件——《瑷珲条约》，使黑龙江这条中国内河变成了中俄界河。

《瑷珲条约》墨迹未干，沙俄又继续入侵乌苏里江，1858～1859 年，穆拉维约夫率船队上溯乌苏里江和松花江，非法赶走中国当地居民，强行设立哨卡，大量移民屯垦。

1860 年 11 月，沙俄胁迫清政府签订《中俄北京条约》，终于使中国内河乌苏里江同黑龙江一样变成了中俄两国的界河。

沙俄通过多次远征，夺取了黑龙江与乌苏里江的航行权，控制了从西伯利亚到太平洋的水运大通道，俨然为中国东北内河的水上一霸。

越俎代庖近五十年的赫德

江海各埠相继开埠通商后，航运管理权掌握在外国人控制的海关手中，而在海关任职最久、职务最高的是英国人赫德。

英国人插手中国海关始于 19 世纪 50 年代初。1851 年，英国驻沪领事阿礼国以清政府"征税行政腐败"为借口，要求"实行整理"。英、美、法三国驻沪领事协商后，擅自决定代中国官厅向外商征税，外国入侵者开始染指中国海关管理。1854 年 6 月 15 日，阿礼国抛出了酝酿数年之久的有关设立外国税务委员会的方案。6 月 29 日，阿礼国和美国领事麦菲、法国领事爱棠同苏松太道兼海关道吴健彰签订《上海海关组织草约》，计 9 条，其第一条规定："引用外邦人士于海关，由道台选用，授与权柄，以行使其职权。"同年，上海海关设立税务司，后推行于各口海关。

其后，英、美、法三国各推出一人组成上海关税管理委员会，分别由英国领事馆员威妥玛、法国领事馆员史密斯和美国公使馆员喀尔担任税务司。其中，英国人威妥玛久居中国，善操华语，实际上掌握了海关管理权。关税管理委员会的设立，"把海关和关员确切而不可争辩地置于各有约国领事的管辖之下"，使海关"成了各领事馆的一个附属机构"。1855 年，威妥玛升任英驻沪副领事，其海关职务由英国领事馆翻译李泰国继任。此后，海关管理权长期操纵在英国人手中。

《天津条约》签订后，上海关税管理委员会即行改组。1859 年，总税务司公署在上海设立，隶属于理藩院。是年，两江总督何桂清委李泰国为总税务司，撤销上海关税管理委员会。同年改组粤海关，委赫德为税务司。

赫德（1835～1911），英国亚玛革州人，19岁时来华，先后在香港、宁波、广州等地英国驻华机构中任职。1859年被英籍总税务司李泰国委任为粤海关税务司后，逐步控制了中国江海海关大权，成为航运界纵横捭阖炙手可热的实权人物。

据当时人称，赫德"为人精明强干"，会讲一口流利的汉语，也相当熟悉东方古代文化，他给自己起了个"鹭宾"的汉名，平时身着满清官员服饰，周旋于达官贵人和富绅巨贾之间，颇得一些上层人士的好感。

1861年4月，清政府任命赫德与费士莱两人为代理总税务司，主要事务由赫德主持。1863年11月8日，年仅28岁的赫德正式升任总税务司，总理衙门命其移署北京。此后，赫德任总税务司职务近50年。

赫德任总税务司后，时人视他为总理衙门的全权代表，他经常出巡各地，与封疆大吏及地方官员磋议商务事宜，主持制定了一系列海关制度，其中涉及江海航运的章程规则（包括《长江收税章程》、《船货入关会讯章程》、《领港规则》等），都是由赫德亲自拟订的。

赫德执掌海关一切大权，特别是关税收入支配权和关员任免黜陟权，故被外国人称为"无比之独裁的行政长官"。在当时14个约开口岸的海关中，他本人牢牢控制了12个。按规定，海关监督由海关道充任，名义上为第一行政长官，但徒具虚名，海关实权掌握在税务司手中。在一般外国人眼中只有税务司，根本不知道有什么"监督"。各税务司又直接听命于赫德，当地官员完全不能过问海关事务。

赫德将中国江海航运管理权紧紧抓在手中，1862年指示各海关成立理船厅，1867年又亲自拟订了《各国各海口引水总章》。同年，在赫德建议下，总理衙门批准设立海务司，隶属于总税务司，兼理沿海与长江、珠江的航道、航政事务。1872年，赫德拟文撤销海务司，另设总营造司与总巡工司（下设巡工、巡灯、港务三司），前者掌管全国江海各口行船工程，兼管船舶检验业务，后者则全面负责航道、航政、港务管理事宜。至此，在总税务司控制下的近代航运管理建置构架已基本形成，并沿用30余年。

随着近代航政、港政、航道管理机构的建立，江海航运管理的分散、落后面貌有所改观，航运设施也有所改善，客观上对我国航运事业的发展在一定程度上起过某些积极作用。赫德本人也做过一些有益事情，提出过一些较好的建议。但是，以赫德为首的海关越俎代庖，包揽一切，被中外人士称为"国际官厅"。从总税务司到总营造司、总巡工司及所属各级管理人员全部由外国人充任，连稽查、水巡捕等一般职位也全被外国人占据。赫德本人的权力也越来越大，经常直接插手清政府的政治、军事、外交活动。连李鸿章这样的首辅大臣对他也敬畏三分。

1908年，赫德已有73岁高龄，因年老多病，不得不请假回国，但仍不肯辞去总税务司之职。1911年，赫德在英国病逝，才卸掉任期长达49年的总税务司职务。

12 旗昌公司垄断江海航运

中国江海航权逐步丧失的过程，也是外国轮运企业在中国相继创办并不断扩张的过程。

五口通商后，外国轮船纷纷驶往中国港口。1843年11月8日，英国"魔女"号（即"美达萨"号）驶抵上海港。这是驶入上海港的第一艘外国轮船。1845年3月，第一艘美国商船"巴舒马"号进入上海港。1848年，俄国俄美公司的"孟什科夫公爵"号抵达上海。1850年，英国大英轮船公司的"玛丽伍德"号开辟香港—上海定期航线，在香港与往来欧亚的干线相衔接。此后，进入上海的船舶逐年增多，由1844年的44艘、8584总吨激增至1855年的437艘、157191总吨。

广州港开埠前，已有少量轮船在珠江口游弋。1850年，在广州—香港航线上，最早出现了备有两艘轮船（各250吨）的省港邮轮公司，这是迄今为人所知的外国人设在中国的第一家轮运公司。

第二次鸦片战争后，我国通商口岸增加到16个，外国轮船更蜂拥而至。到19世纪70年代，开辟中国定期航班的外国远洋轮船公司主要有大英轮船公司、法国邮轮公司、英国海洋轮船公司、美国太平洋邮轮公司（又称花旗公司或万昌）等4家，除海洋轮船公司外，其余3家都接受各自政府的巨额津贴。这4家公司完全垄断了中国远洋运输。

从 19 世纪 60 年代初期起，英、美在华航商相继设立轮船公司，经营沿海、沿江航线，并逐步形成了香港、上海两大航运中心。据统计，1862 ~ 1873 年，香港、上海两埠设立的外资专业轮船公司主要有：美国的旗昌轮船公司和中国太平洋轮船公司，英国的上海拖驳公司、省港澳轮船公司、公正轮船公司、北清轮船公司、华海轮船公司、太古轮船公司等。还有一批在中国江海参与轮运活动的外国洋行，如英国的怡和、宝顺、广隆、吠礼查、老沙逊、清美、仁记、肖氏兄弟、肯尼迪、特纳、摩西、道记、惇华等数十家洋行，还有美国的琼记、汇源和德国的美最时、惇裕等洋行。

这些外国公司在中国从事航运活动的过程中攫取了惊人暴利。例如，琼记洋行的"火鸽"号在 1862 年年终结算时，一条船竟赚了 14.8 万元。宝顺洋行的"总督"号在上海汉口间往返一次的运费收入就顶得上这条船的全部成本。英国的大型远洋运输公司——大英轮船公司在中国从事经济掠夺更为疯狂，外商喉舌《捷报》直言不讳地承认："大英轮船公司的董事会同中国的贸易全是史无前例的最赚钱的买卖。"

在众多外国轮船公司中，创办最早、获利最多、实力最强的当属美商旗昌轮船公司。

旗昌洋行是美国海盗商人苏梅尔·罗素 1818 年在广州创办的，原名罗素洋行（人称"老旗昌"），后经改组于 1824 年 1 月 1 日重新开业，改称旗昌洋行，以走私鸦片为其主业，不久即发展为在华美商中的头号巨商。1843 年，旗昌股东吴理国奉美国驻广州领事 P. S. 福士之命到上海活动，1846 年，被任命为美国驻上海第一任领事，这当然十分有利于旗昌扩展业务，到 1854 年，上海形成所谓"旗昌洋行时代"。

旗昌力图打入长江水域，1856 年 10 月 5 日，美国驻上海副领事、旗昌股东金能亨致函 P. S. 福士，提出"美国必须跟上时代"，力劝旗昌结束在航运竞争中的"保守主义"。1862 年 2 月 21 日，金能亨再次致函 P. S. 福士，提出一整套"控制扬子江运载业"的计划。不到一个月，金能亨便将这一计划付诸行动，集资 4.5 万元从旧金山购回一艘 456 吨的轮船"惊异"号于 7 月驶抵上海。8 月，他又将珠江上的"威廉麦特"号（370 吨）调入长江。由于所获利润不菲，金能亨遂广泛招徕华商资金，一年内顺利招足 100 万两，其中华人资本占 60% ~ 70%。1862 年 3 月 27 日，上海轮船公司正式成立，这是外国人设立的第一家专业轮船公司，金能亨任经理，上海道台吴健彰任公司买办。旗昌洋行虽在上海轮船公司占股不足 1/3，却以"永久代理人"的名义把持公司一切权力，故当时人将这家公司称为旗昌轮船公司。

旗昌公司凭借雄厚的经济实力和买办商人的鼎力支持，不断扩充航运设施，购置了一批性能优越的浅水蒸汽机明轮，建起设备完善的码头仓库，并集资自设扬子保险公司，故业务发展颇为顺利。到 1864 年，已拥有江海轮船 6 艘。1867 年，旗昌将天津线的轮船增至 4 艘（后又增至 7 艘），在长江线有轮船 3 艘。旗昌采取多种手段，在竞争中相继击败同孚、吠礼查、广隆等多家洋行，并于1867年迫使宝顺、怡和、琼记等洋行与之签订协议。旗昌不断地巩固和加强在江海航线的垄断地位，获取了超额垄断利润。旗昌轮船赴汉口的票价，货物每吨20两，客票每张50两，该公司1871年利润率竟高达76%，连外国商人办的《江报》也曾认为："旗昌获利甚厚，人皆垂涎。"到1872年，旗昌已拥有轮船19艘，2.78万吨，号称为"东亚最大一支商业船队"，资产实值达332.4万两。

13 烽火中的太平天国水运

太平天国革命是两次鸦片战争之间爆发的具有反侵略、反封建性质的农民大起义。水运是太平军开展军事、政治、经济斗争最重要最基本的条件之一。

1852年12月初，太平军攻下湖南益阳、岳州，获民船约万只，遂将船工水手编入太平军，封湖南祁阳人唐正财为典水匠，职同将军，水师始有统辖。带有浓厚军事色彩的太平天国水运事业在硝烟烽火中宣告诞生。

太平军水师船队北进武汉，"千船健将，两岸雄兵，鞭敲金镫响，沿路凯歌声"。连克汉阳、汉口两镇后，水师万余条船只扎水寨三座，对武昌形成包围之势。东王杨秀清接受唐正财的建议，用船只横江作浮桥，铁索环之，两座浮桥一夜而成，自汉阳直达武昌，俨如坦途。1853年1月，太平军攻克武昌，水师初试锋芒。

同年2月，太平军50万大军沿江东进，船只万余只,蔽江而下,帆樯高耸,舳舻衔接,长达百余里,绘成一幅胜利大进军的壮丽画卷。太平军水陆并进,高屋建瓴,一路摧枯拉朽,连克九江、安庆、池州、铜陵、芜湖等沿江城市。3月初,水师进逼金陵城下,自新州戴胜关至七星洲,万余船只封锁江面,水陆连营 60 余里。3 月 20 日,太平军攻克金陵,改称天京。唐正财授丞相职,后又升任殿左五指挥,其职责是:"提督水营,总办船只。"唐正财因组建水师、办理漕运等卓有成效,积功封为航王。这当是中国第一个也是唯一一个被称为"航王"的人。

太平天国船队实行军事建制,据记载,水营共有 11.25 万人,分前、后、中、左、右 5 军,旋增至 9 军,设总制、监军、军帅、师帅、旅帅、卒长、两司马等水官职务,平时委军帅领之,战时派总制或监军统辖,亦可由侯王节制。为适应战争形势,将各类民船编入水营,专设正、副将军管理之。

水师是太平天国军民物资的主要运输力量,举凡官兵、马匹、粮草、衣被、辎重、弹药、枪械及民用物资均在承运之列。太平天国有职官、伍卒、差役共308.5 万人,居民数千万计,日食所需数额巨大,仅天京一地即库存粮食 200 余万石。这些粮食和其他物资悉用船从各地运入,占领地内信件、文书的传递亦由船只承担。

太平天国船只数量庞大,攻下金陵后船只达 1.3万~1.4 万艘。船只类型多达数十种,按船型分有大鸟、拖罟、拖罺、快蟹、红单船、长龙、巴斗、八桨快船、扒艇等；按用途分有战船、炮艇、粮船、辎重船、炭船、盐船、拖船和金龙船（诸王座船）等；按地域分则有波山艇、广艇等。这些船只大多数为商民舟船和俘获的敌船，同时也自行修整或仿造了部分船只。从1861年开始，太平军拥有少量火轮船。

太平天国建立了一套较为完整的船舶、航道、关榷和税收管理制度。

船舶管理，专设水官正、副将军管理船只。船只在太平天国水域内航行，必须持有船牌（船舶登记证）和船票（纳税凭证），以备查验。

航道管理，专设巡河道以管理航道，由水师具体负责巡查。在天京设左、右巡河道各一人，在皖、鄂两省分设正、副巡河道各一人。

关榷管理，太平军在武昌、九江、芜湖、安庆、江宁等地设关榷，每一关榷又各设关卡三道（即提中关、提头关、提下关），每关配正副职各一人，下辖水师数十人踞守之。关中备有查货的关票和查船的铁印，查验手续极为严格。凡发现票货不符和私藏金银鸦片等物品，则严加惩处。

税收管理，太平天国在关卡对民船（含外国商船）征收关税，数额按船舶大小和货物粗细确定。船只缴税后，持各关所发船票一张，即可在太平天国辖区内自由营运。

太平天国对外坚持独立自主的外贸和航运政策。他们曾对来访的英、法、美等国公使宣布：待条件具备后可开埠通商；严禁外国船只贩运鸦片；外国商人

一 西方舰船大举入侵中国江海面貌剧变

41

必须遵守太平天国颁布的各项法令规章。太平军对外国人区别对待：对从事正常贸易的外国商船予以保护；对非法诡秘航行于长江的外国船只保持一定戒备；而对敢于进犯者则予以迎头痛击，如 1858 年太平军就曾炮击过向天京挑衅的英国军舰。

中外反动派相互勾结，共同对付太平天国水师。19 世纪 50 年代末，清政府在与太平军作战的过程中，已"完全体会到轮航的重要性"，开始租赁或购买英、法两国的轮船，用来输送兵员物资或直接参战。外国入侵者极力鼓动清政府购买外国舰船，1856 年，上海海关英籍税务司李泰国向两江总督怡良"建议使用外国轮船歼灭太平军的办法"。此后，外国人又多次向曾国藩、李鸿章等提出过类似建议。经过多次密谋策划，中外反动派终于实现了反对太平军的全面勾结，正如英国人吟唎所述："英国兵舰、清军炮艇、法国船只……全部结为同盟，协力去消灭可怜的太平军。"此后，清军与外国侵略军以更大规模购雇轮船，到 1863 年，反动武装常胜军已拥有轮船 17 艘。

外国入侵者不仅用轮船为清军输送兵员、辎重、弹药及其他军用物资，还直接血腥屠杀太平军。仅 1863 年 5 月初，英国轮船"海生"号协助清军攻打太仓，杀害太平军官兵即达 2000 余人，被他们烧毁的太平军战船则难以计数。

由于中外反动派的残酷镇压，太平军水师损失惨重，到天京陷落前所剩战船已为数寥寥。1864 年 2 月，又在兴宜、荆溪二县损失战船千条，5 月在弋阳又损失

战船多只。至此，太平军水师船舶已损失殆尽，历经
12 年烽火烟云的太平天国水运事业遂告终结。

 ## 第一艘国产轮船"黄鹄"号

中国有着悠久的造船历史，南朝祖冲之制造的千里船
被公认为世界上明轮船的始祖。而近代"黄鹄"号轮船的
研试成功，同样在中国造船史上写下了辉煌的一页。

19 世纪 60 年代，清政府中一部分官僚开始从事以
"自强求富"为宗旨的洋务运动。洋务派官僚非常仰慕
西方的"船坚炮利"，开始酝酿创办近代军事工业和造
船工业。

1861 年，曾国藩攻下安庆后，设立安庆内军械所，
主要制造枪炮火器。1862 年春，曾国藩召见徐寿及华
蘅芳、徐建寅（徐寿之子）等，问其能否制造火轮船。
徐寿愿作尝试，并建议先试制一具船用引擎的模型。

徐寿（1818~1884），字雨之，江苏无锡人，著名
科学家，尤擅长化学，译著甚丰。他虽对轮船制造技
术不甚擅长，但却具有触类旁通的才能，凭借聪明才
智和勤奋努力，仅参看了一份外国人绘制的略图，便
在三个月内制成了中国第一台船用蒸汽机模型，其汽
缸直径 1.7 英寸，转速 240 转/分。曾国藩对此甚表满
意，令其正式开始制造小火轮。第二年 11 月，徐寿等
未雇任何洋匠，自行制成一艘蒸汽机暗轮，并进行了
实船试航，因供汽不足，小轮仅勉强行驶了 1 华里。

徐寿等决定改制明轮，于 1864 年 1 月又制成 1 艘

试验用小轮船，长约 2.9 丈，时速约 26 华里。曾国藩对此颇为兴奋，亲自登船参加试航，并批示按此船放大，续造新轮。

1864 年 7 月，徐寿等随军械所迁往南京。当时，工厂十分简陋，基本上没有什么加工设备，外国人封锁技术，当地官员又多持异议。徐寿等处境艰难。他们迎难而上，同工人一起日夜施工，主要依靠手工劳动，仅用半年多时间就于 1865 年造出我国第一艘轮船，长 55 英尺，重 25 吨，高压引擎，单汽缸，机舱置于船的前部，船舱位于水平轮轴之后。这艘轮船除主轴、汽缸、锅炉所需部件的铁板、铁棒从国外进口外，其余所有部件、设备包括活塞、气压计等均采用国产材料，由徐寿父子亲自监制。造价低廉，全部设计、研制费用仅白银 8000 两。这在世界造船史上是不多见的。

该轮造成后先在长江上试航 255 里，平均时速约 22 里，其中逆水与顺水时速分别为 16 里和 28 里。1866 年 4 月，该轮在南京江面正式举行首航典礼，一时中外记者云集，盛况空前。曾国藩长子曾纪泽衔命登轮参加首航，见轮船破浪前行，欣喜万分，挥毫亲书"黄鹄"二字，命匠人以金字镌刻于横匾，系于明轮两舷厢上，"黄鹄"号由此而得名。

"黄鹄"号是中国人自行设计、自行制造的第一艘轮船，为中国近代造船业之嚆矢。

徐寿父子还主持制造了其他船舰。1867 年，徐寿转入江南机器制造局，设计并主持制造了我国第一艘 600 吨级木驳明轮"恬吉"号（即"惠吉"号），其吨位和性能均超过"黄鹄"号。该轮于 1868 年 8 月 18 日建成下水，不久，曾国藩亲自登船试航。1869 年，在徐寿父子主持或参与下，江南机器局又建造了木驳暗轮"操江"号和"测海"号。此后又造出千吨级的"威靖"号（又称"澄庆"号）、"海安"号。1872 年 11 月 4 日，2800 吨级的"驭远"号下水。

徐寿父子不愧为我国船舶工业和航运事业的先驱。

二 华资航业宣告诞生中外竞争不断加剧

 招商局——"中国商人"

招商局是中国最早设立的大型轮运公司，也是中国第一家带有浓厚官办色彩的股份制企业。

由于清政府长期限制和阻挠华商购买洋船，于是通商各埠出现了买办商人购买或租雇洋船而又诡寄洋商名下的现象。买办商人在营运活动中积累了一定数量的货币资本和较为丰富的经营管理经验，从而为中国近代轮运业的创办准备了资金和人才条件。但是，这种诡寄经营活动，对外资航业的渗透十分有利，却使中国蒙受巨大经济损失，终于引起清廷的注意。曾国藩、李鸿章、左宗棠等洋务派官僚逐步倾向于鼓励华商自行购买洋船，并于 1867 年 10 月以上海通商大臣曾国藩的名义颁布《华商买用洋商火轮夹板等项船只章程》，表明清政府对兴办新式航业的限制性政策出现了某些松动。一些华商闻风而起，1867 年至 1868 年，容闳、赵立诚、许道身、吴南记等一批富商相继提出招商集资创办轮船公司的请求，但均因条件不备而未被当局采纳。

1869 年，苏伊士运河通航和 1871 年欧亚海底电线敷设后，外国轮船纷纷驶入中国水域，外资航业攫取的垄断利润逐年递增。面对西方航运势力的凌厉进逼，华商被迫重寻对策和出路。

洋务派官僚在中国近代轮运业的创办过程中起了重要作用。曾国藩于 1872 年 2 月致函总理衙门，主张"多造商船，租与商人租赁"，并可配运漕粮。这里，"轮船招商"之事已初见端倪。未久曾国藩病故，李鸿章成为筹设新式轮运企业的实际主持者。

李鸿章对轮船招商事宜作了详尽缜密的考虑，提出了若干具体设想。1872 年夏，李鸿章决定由沙船巨商、三品衔道员朱其昂筹办招商局，命其拟订章程和条规，明确规定各省入股的轮船以造价多少来核定股份，其他商人则可通过合资购买轮船的形式入股，条规中有关招股的规定多达 10 条。李鸿章于同年 12 月 23 日致函总理衙门并上奏清廷，力主尽量争取依附洋商名下的华商股本，其设局构想是："由官总其大纲，察其利病，而听该商董等自立条议，悦股众商。"12 月 26 日，清廷批准设立招商局。

为了多方筹集开局所需资金，李鸿章于同年 8 月报请户部拨借直隶练饷存款制钱 20 万串，作为设局商本。官方只取官利，不负盈亏责任。这笔借款期限 3 年，年息 7 厘，扣除预缴利息及其他款项，实收 18.8 万串，约折银 12.3 万两，到年底陆续运沪。李鸿章化名李积善投资 5 万两。

朱其昂奉命在上海自设的"广昌号"内辟室办公，邀胡光墉、李振玉等淞沪巨商参与筹划。未久在上海洋泾浜南永安街租房一所，以备开局之用。从 1872 年 11 月起，招商局先后从外商手中购进"伊敦"、"代勃来开"（即"永清"号）、"利运"、"其泼利克有利"（即"福星"号），并从浙江省调入"伏波"轮。

筹备工作基本就绪之后，轮船招商公局于 1873 年 1 月 17 日正式开局营业。局务初由朱其昂主持，为了安抚中国商人，加深招商局的商办色彩，李鸿章于同年 5 月将局名改为轮船招商总局，局中主管者称作商总、商董，由拥有股份较多者充任，特邀广东巨商唐廷枢、徐润等主持局务，并重订入股章程，大量吸收新股。1881 年招足 100 万两，1883 年股本总额达 200 万两。入股者中，既有占股 48 万两的头号大股东徐润，也有占股几万两到上十万两的唐廷枢、唐廷庚兄弟、朱其昂、朱其诏兄弟以及盛宣怀、陈树棠、宋晋、范世尧、陈雨亭、刘树庭等买办商人或沙船商人；既有上海、广东、汉口、天津、香港等商埠的富商巨贾，也有新加坡、暹罗、三宝垄等地的侨商或华裔商人。商人股本构成了招商局资本的主体，在资本总额中所占比例高达 80%。

招商局较为迅速地建立起一套近代营运管理制度，积极拓展江海与远洋航运业务。1872 年 11 月 30 日，招商局派"伊敦"轮装载货物从上海首航汕头，这是中国商轮第一次行驶中国近海航线。1873 年 1 月 19

日，"伊敦"轮由上海驶往香港，2月23日从香港返沪。未久，招商局又开辟北洋航线，1873年3月22日，从英国购买的"永清"轮抵沪，几天之后即载漕米9000石首航天津。其后，招商局开始经营长江航线，7月10日，附局轮船"永宁"号从上海开航镇江、九江、汉口，这是中国商轮首次航行中国内河。接着附局轮船"洞庭"号也投入长江线营运。与此同时，招商局还大力经营远洋业务，相继开辟了日本、南亚、北美、欧洲航线。

招商局的创办及发展，打破了外资航业对中国航运的垄断，揭开了收回江海航权运动的序幕。

购并旗昌公司产业

招商局诞生后，船业竞争出现了新的局面。在外国老板眼里，招商局开辟江海航线，"既向旗昌轮船公司挑战，也向太古轮船公司挑战"，"添了不少麻烦"。太古与旗昌于是"共同研究对付招商局的办法"，主要手段就是压价竞争，每逢招商局轮船起航的当天，便将运费减半甚至减2/3，"意在陷人，不遑自顾"。旗昌、太古还扬言，要把招商局压得"仅能维持生计"。1873年7月，两家又达成非正式运费协议，实行所谓"真正的合作"，把矛头对准招商局"这个不可轻视的对手"。1874年3月，旗昌、怡和、太古三家"议和行事"，声称在长江线"不许别公司（指招商局）同行"。4月，旗昌、太古签订"联盟协定"，宣称招商局如与他们"同日并走","必与之争拒"。

英、美公司的跌价竞争虽给招商局带来巨大损失，但并未能使之屈服。在广大华商支持下，招商局顶住了种种压力，轮运业务显示出勃勃向上的生机。严酷的竞争长达数年之久，旗昌公司渐感不支。因资金匮缺，船队无力更新，船只损失严重，仅1873年即连失"江龙"，"莫阳"、"舟山"3轮。总资产逐步减少，1874年降至290万两，比1872年减少159.3万两。随着地位愈益脆弱，被迫与太古签订平分运费收入的"秘密协定"，旗昌公司独霸江海航运的历史已告终结。号称百万两的公积金，几年后所剩不足一半，面值百两的股票只能以七折甚至五折出售，营业前景已十分黯淡。

1876年初，屡战屡败的旗昌公司意识到，它那支旧式木质轮船队已难与太古公司的新式铁质船队较量，也没有实力同规模日渐恢宏的招商局船队继续抗衡。它在中国江海霸主地位岌岌可危，经营难以为继。

当时，美国南北战争已结束10余年，国内出现首次投资热潮，在一些美国商人看来，远东不再是理想的黄金之国，回国内投资反而可以获取更大报酬。旗昌老板认为："与其在中国冒险竞争下去，莫若干脆在国内投资来得安全。"旗昌开始散布出卖产业的空气。

招商局对此甚为敏感。1876年8月，唐廷枢、盛宣怀、徐润专程赴烟台向李鸿章请示，李担心巨款难筹，而旗昌也尚犹豫不决，此事遂暂被搁置。未久，招商局加派"江宽"等轮行驶长江，旗昌更无力招架，终于被迫作出尽快歇业的决定。当时旗昌经理即将更调，加上股票行情急剧下跌，更急于处理在华产业，于是委托瑞生洋行经理卜加士达出面游说，主动向徐润等表示，愿以二百五六十万两的价格卖掉轮船、栈码等全部产业，并希望能早日成交。徐润等态度迟疑，旗昌老板又亲自到招商局，愿将要价减到222万两，并可先收100万两，余款分年偿还。

这时，唐廷枢、盛宣怀均不在上海，局务实际上由徐润主持。徐与局员严潆经通宵策划，认为这是一桩有利可图的交易，决定全盘承购旗昌产业，当即向卖主交付定银2.5万两。唐、盛得悉此事后均表示支持，并于12月底同徐润一起赶赴南京向两江总督沈葆桢禀报。沈最初态度游移，徐、盛反复说明利弊得失，尤其是盛宣怀"措词得体，颇动宪听"，沈葆桢顾虑终于被打消，对购并旗昌一事表示完全支持，并奏准清廷，筹拨苏、浙、赣、鄂等省官款共100万两，拟于次年3月1日之前陆续交付招商局。

1876年底，招商局与旗昌公司就售、买财产一事达成协议：旗昌在上海与外埠船舶、栈房、码头及其他航产共作价200万两，沪、津、汉、浔、镇等埠洋楼作价22万两，准6个月内交银过户。1877年1月2日，唐廷枢与旗昌代表草签购并契约。1月18日，清廷批准招商局购买旗昌产业。2月12日，唐廷枢、徐润与旗昌代表正式签订购并合同。

3月1日，旗昌产业换旗过户，转旧招商局所有，计有江轮9艘，海轮7艘，小轮2艘，及各种趸船、驳船、码头船等。招商局从此拥有一支实力可观的商业船队，船舶总吨位增至 3.05 万吨，为购并旗昌前的 2.76 倍。当时，朝野有识之士颇为兴奋，《申报》3 月 2 日就此发表热情洋溢的评论："从此中国涉江浮海之火船，半皆招商局旗帜。"

购并旗昌是招商局发展进程中的重要事件，是中国航业同外资航业抗衡竞争中取得的重大胜利。它不仅使招商局船队规模迅速扩大，而且得到了地势优越的上海金利源码头及江海各码头仓栈，为业务拓展奠定了更为雄厚的物质基础。去掉旗昌这一对手，大大改善了招商局在中外航业竞争中的地位和处境。

招商局作为一家年轻企业，缺乏同外国洋行打交道的经验，在购并旗昌产业过程中出现了一些失误，如付价稍高，买下了部分敝旧船只等。但总体上看，购并旗昌利大于弊。

 三公司三订齐价合同

购并旗昌后，招商局实力骤增，遂与太古、怡和并称三公司。外资航业对此深为忌恨，中外航业的抗衡竞争进入了新阶段。

太古洋行是英国利物浦施怀雅洋行的下属洋行。1866 年，T. S. 施怀雅和 W. H. 施怀雅兄弟在上海吷礼查洋行旧址设太古洋行，1867 年 1 月 1 日开业。1871 年 9 月，T. S. 施怀雅在英国筹资 36 万英镑（合银 97 万两），于 1872 年 1 月 1 日成立中国航业公司（即太古轮船公司），注册资金 100 万英镑，总公司设于伦敦，在香港、上海设分公司，经营定期航线 20 条，并有若干临时航线，在江海各埠设有码头与货栈，并代理多家外国公司的远洋运输业务。1874 年至 1894 年的 20 年间，太古船只吨位从 6 艘、10618 总吨增至 29 艘、34543 总吨（未包括失事的 9 艘近 1 万吨在内），居外资在华航业榜首。其船舶多以中国口岸命名，如"广州"号、"福州"号、"南京"号、"武昌"号、"重庆"号等，时人称之为蓝烟囱轮船。

怡和洋行即渣甸洋行，系鸦片走私商威廉·渣甸和詹姆士·麦赞臣于 1828 年在广州创办，后聘广州烟商伍怡和为买办，以其名将渣甸洋行更名为怡和洋行。1842 年将总行迁往香港，在上海、广州、天津等沿海港埠设行营业，1843 年 11 月正式成立上海怡和洋行。这家老牌英资洋行被外国人戏称为"铁头老鼠"和"洋行之王"，在中国的投资范围遍及航运、码头、船坞、地产、保险、工业、货栈等行业。1881 年 11 月 30 日，怡和洋行将其代理的华海轮船公司属下的扬子轮船公司及怡和洋行原有的一些船舶合并，在伦敦成立印中轮船公司（在中国通称怡和轮船公司），定资本 100 万英镑。1883 年至 1893 年，船舶总吨位从 13 艘、12571 总吨增至 22 艘、23953 总吨，其船只被当时人称为红烟囱轮船。航行远洋与沿海的轮船，凡租赁的以"升"字命名，如"高升"、"富升"等；自置的以"生"字命名，如"德生"，"贵生"等。航行内河的轮船，则以"和"字命名，如"怡和"、"德和"等。

太古、怡和都将招商局视为对手。特别是拥资百余万两的太古轮船公司，自恃本足利轻，杀价竞争，给招商局造成巨大压力。

招商局每年须支付购并旗昌时所欠官款本息 20 余万两，财政极为窘迫，但并未在外商高压下屈服。在广大华商支持和官方扶助下，招商局勇敢接受太古挑战，针锋相对削价竞争，将上海港货物装卸费用从每吨 4 两猛跌为 7 厘。但这种自杀性竞争给双方都带来严重损失，招商局由此欠债累累，渐感力难支撑。

李鸿章原打算让招商局再坚持一两年，等待太古认输求和。但招商局主管者深知，自身实力单薄，实不足以久支，如果太古态度始终强硬，倒很可能使招商局骑虎难下，于是首先向太古提出和解建议。太古也因竞争损失惨重，因此乐于接受和解。1877 年 12 月 18 日，太古行东施怀雅、船东贺利施亲自到招商局，向唐廷枢、徐润表达"和好"之意。唐廷枢等则明确表示，招商局"只欲收回利权，与（外商）存垄断之心有间"，但为了减少竞争损失，同意"量为变通"。经过八九天的艰苦谈判，双方在英国律师担文主持下于 12 月 26 日正式签订了中外航业之间第一个为期 3 年的齐价合同，规定招商局与太古在长江航线的船舶分配比例为 6 比 4；宁波航线，第一年归招商局，第二年与太古分配，分配比例同于长江线；招商局如派船行走广东省内河，太古也可派船航行该线。随后，招商局与太古联名发布启事：从 1878 年 1 月 1 日起上调长江线客货运价。

1878 年，招商局与怡和洋行签订类似和约，遂成三公司合同。三家运费分配比例为：招商局占 38%，太古 35%，怡和 27%。

按照合同规定，招商局重新调整运力，运价也大体恢复到 19 世纪 70 年代初的水平。齐价合同给招商局带来明显好处，一举扭转了多年亏损局面。这是中国航业在抵制西方航运势力入侵的曲折斗争中取得的一次胜利。

外国势力不甘心放弃在中国江海航线的垄断地位，也不愿长久同招商局保持平等协作关系，齐价合同墨迹未干，便蓄意进行破坏。1879 年，太古擅自将走营口、汕头的轮船改走津河，怡和则派"公和"、"福和"两轮航行江汉，并随意削减运价。招商局不得不随之将运费降低。齐价合同实际变成一纸空文，竞争依然十分激烈。

招商局实力虽不占优势，但因"国人顾全大局，各口装货无不争先恐后"，因此在竞争中处于较有利地位。1887 年前后，招商局在长江线与南北洋航线的运费收入均高于外国公司。但竞争也给招商局带来严重影响，1882 年、1883 年两年营运收入和利润连续大幅度下降。为减轻损失，招商局总办唐廷枢 1883 年亲往英国，特邀怡和、太古两家洋行行主来华，于 1884 年签订了为期 6 年的第二个齐价合同，规定以船舶吨位的大小分配运费收入，招商、太古、怡和所占份额不变。合同签订后，招商局股票大涨，每股达 160 两，可见此举对该局相当有利。

1889 年，第二次齐价合同期满，太古等公司公然提出多占份额的无理要求，遭到招商局拒绝。太古再次挑起事端，竟将沪汉线的运费降低三四成或六七成，甚至按原运价的 5% 收取运费。招商局、怡和也不得不随之大杀运价。从 1889 年到 1892 年，三家共损失运费收入约 250 万两，其中招商局减收 100 余万两。这种盲目跌价竞争决非长久之计。1890 年 3 月，招商局委派商董唐德熙、陈猷为代表，与太古、怡和进行了长达两年的谈判，于 1892 年 2 月 25 日签订长江、宁波航线合同，但不久即解约。三家再次经过艰苦谈判，于 1893 年 3 月签订为期 5 年的第三次齐价合同，招商局帮办郑观应、太古大班晏尔吉及怡和代表在合同上签字。

这次齐价合同签订后，招商局运费收入回升，当年运费结余达 80 余万两。不过，齐价合同虽对三家公司有利，却是以"驱逐他船"亦即以牺牲中国民营航业的利益为其代价的。

中国商轮开辟远洋航线

把中国商轮开出去，打通国际航线，是招商局一项重要经营方针。

1873 年，总办唐廷枢委派陈树棠前往日本筹备货运业务。同年 8 月初，"伊敦"轮首次开往神户、长崎，这是中国商轮第一次在国际航线上航行。年底，"伊敦"又驶往吕宋等地，招商局把营业范围扩大到了南亚。

南洋群岛历来是华侨聚居之地，招商局积极在这一带筹备轮运业务。1879 年，招商局派知县温宗彦在新加坡设立分局，举华侨胡玉基为商董，经营三宝垅等地航运业务。不久，又派张鸿禄等前往新加坡、小吕宋等埠实地考察，因英法等国轮船公司在这一航线竞争激烈，便又赴暹罗等国考察，与暹国王室成员及大臣等举行会谈，并取得了一致意见。年底，招商局设立暹罗分局，举中国驻暹罗领事陈金钟之子陈继善为商董。同年，两广总督刘坤一委派李炳彰前往越南，商谈有关设局事宜，越王担心法国人干预，未予应允。1880 年，招商局继续经营日本、吕宋、暹罗、新加坡、槟榔屿、印度等国外航线。由于日本、吕宋等国实行保护本国航业的政策，而新加坡等地又是从欧洲航行东亚的通道，西方航业跌价抢运，招商局无力与之争衡，只好将南洋各航线先后停驶，仅剩越南一线勉强维持营运。1881 年，招商局广州分局局董唐廷庚奉命前往越南，谒见越王及各部大臣，协商在越南购地设局事宜。翌年 6 月 15 日，双方签订合约，招商局遂在海防、顺安两地购地置房，设立分局，加强了越南航线的运输力量。

发展远洋运输是招商局长期努力争取实现的目标。当时，檀香山、旧金山等地华侨云集，当地侨胞盼望有中国船只航行该埠，为回国探亲和来往贸易提供便利。1879 年 10 月 19 日，招商局派"和众"轮试航檀香山，载客 400 余人，回程时搭客四五十人，往返共收水脚 2.3 万余元，虽无大利，尚称合算。1880 年 7

月 20 日，"和众"轮再次横渡太平洋，开航北美洲，8 月 15 日驶抵檀香山，30 日到达旧金山。同年，招商局遵海军衙门之命，派"海琛"轮载运北洋水师员弁前往英国实习。1881 年 10 月 4 日，派"美富"轮载运茶叶 96.6 万磅，再次穿越苏伊士运河前往英国，当月中旬抵达伦敦。

招商局开辟远洋航线，是中国近代航海史上的壮举。龙旗飘舞的中国船队，在世界航海舞台上演出了一幕有声有色的活剧。当远洋轮船返沪时，国人欢呼雀跃，或奔走相告，或到局祝贺，或登船慰问。有人就此发表了热情洋溢的评论："近年招商局轮船愈行愈远，有至英国者，有至美国者。西人所取于中国者，亦可取之于西人，其获益岂有涯哉？"此"大为我华人生色，天道剥久必复，转歉而赢之机，兆于此矣"。

西方国家对中国在远洋航线发展轮运业务，却极端忌恨，不择手段进行抵制。当"和众"轮驶抵旧金山时，海关官员强行加征 10% 的船税，并课以每吨一元的罚款。海关还蛮横宣布，侨居旧金山的华商华工如果搭乘招商局轮船回国，便不准返回该埠。后经局董唐廷庚和中国驻美大使陈兰彬据理力争，美国国务院才允准将多收的税钱退回，但中国商轮从此再也未能航行这一航线。"美富"轮在伦敦也遭到百般刁难，以后也再未开航英国。

洋商不仅公开抵制，更暗中作梗，甚至企图彻底摧毁招商局的远洋运输能力。1881 年 4 月 17 日，"和众"轮在福建附近洋面竟被违章驾驶的英国兵舰"腊混"号撞沉。在洋商的排挤打击下，招商局外洋各航线相继停驶。到 1882 年，国外各航线只剩越南一线继续惨淡经营。

不久，法国酝酿挑起侵华战争，南洋一带形势日趋紧张。招商局仅派"致远"、"图南"等几艘轮船行驶新加坡槟榔屿航线，亏折甚巨。1883 年，中法战争爆发，在法国兵舰的阻挠恫吓下，招商局所有外洋航线全部被切断。中国远洋航运事业遭到一次重大挫折。

 招商局大规模对外投资

招商局不仅确立了航运企业在中国水域应有的地位，而且出资创办了一批与航运密切相关并具有相当规模的附属企业，还广泛进行局外投资，独资或合资创办了中国第一批具有重要经济战略意义的工交金融企业，在中国近代经济发展中发挥了引导、推动和示范作用。

保险业与轮船运输业如影相随。招商局成立后，照例向外商投保，而外商承保条件严苛，还蓄意刁难。在此刺激下，招商局决定自设保险。1875 年 11 月初，总办唐廷枢、会办徐润等发布《保险招商局公启》，决定在镇江、九江、汉口等沿江港埠和一批沿海、外洋港埠开办保险业务。

为适应保险业务不断扩大的需要，1876 年 7 月，招商局主管者徐润、唐廷枢和一些股东在保险招商局的基础上创办仁和保险公司，这是中国人自办的第一家船舶保险公司，初始股本25万两，第2年又增至50万两，全部股本存入招商局账户并委托招商局代理其一切业务。

为了扩大保险业务范围，徐润等1878年3月又创办济和船栈保险局，后改称济和水火险公司，续招股本50万两，"保客货兼保船险"。1886年2月，招商局将旗下的仁和、济和两家公司合并为仁济和保险公司，股本100万两，名义上实行独立，实际上仍"由商局代办"，股份继续存招商局，"听商局挪用"。仁济和保险公司仍是招商局的下属企业。

从保险招商局——仁和保险公司——济和水火险公司——仁济和保险公司，招商局自办保险走过了一段不平坦的路程并取得了巨大成功。此举不仅为招商局及时补赔了多次海事损失，而且积累了巨额保险基金，极大增强了该局的经济实力。

招商局早期局外投资的范围十分广泛，其经济触角已伸进煤炭、纺织、电讯、金融、冶金等众多行业，在中国近代经济史上书写了辉煌的篇章。

招商局进行局外投资的第一家企业是开平矿务局。煤炭是轮船运行的主要燃料。为解决燃煤之急，1876年李鸿章委派唐廷枢察勘开平镇煤铁矿，1878年设立开平矿务局，唐廷枢"纯用洋法"，"开采数年，煤产甚旺"，于是声名大振，到1881年便吸收了100万两私人资本。1882年，招商局向开平矿务局投资21万两，这是该局首次进行局外投资。盛宣怀个人也认股2万余两。

开平矿务局是中国近代第一家大型煤矿，为开平矿务局配套建设的唐（山）胥（各庄）铁路是中国最早修成的专线铁路。1893年，津榆（临榆）铁路全线通车，全长483公里，这条铁路的修建与加快开平煤炭运输密切相关。

开平矿务局为招商局船队提供了大量便宜的好煤，企业自身也取得了良好的经济效益，1882年开平股票每股涨到280两，招商局股票也随之涨到每股250两，"开平局及招商局每年分利均在一分以外，利厚业稳，为中国各局各公司之冠"。

电报局是招商局另一家重要关连企业。1880年，李鸿章奏设天津电报总局，设上海等7处分局，委郑观应为上海电报局总办。1882年电报局由官办改为官督商办，盛宣怀任津沪电报局委员，郑观应等任商董。1885年之后，盛宣怀兼任招商局督办与电报局督办，两家企业的联系更加密切。其时招商局尚未建立独立的无线电系统，"消息之传递，必藉各埠电局之转授"。电报对招商局轮运业务的重要性是不言而喻的。

招商局把投资的目光转向金融业。外国势力力谋控制中国的金融市场和流通领域。1848年，丽如银行在上海设立分行，这是进入中国的第一家外国银行，也是19世纪80年代前英国在远东最重要的银行。此后，一些外国银行纷纷在上海设立分行或代理处，如汇隆银行、呵加剌银行、有利银行、麦加利银行、法兰西银行等。而第一家将总行设在中国的外国银行是汇丰银行，1865年4月，汇丰香港总行和上海分行同时对外营业。

招商局在同外资银行特别在与汇丰银行打交道的过程中，既遭受盘剥，又得到启迪。1896 年 11 月，盛宣怀奏设中国银行，招商局投资 80 万两，为该行最大股东。1897 年 5 月 27 日，中国近代第一家银行在上海开业，正式定名为中国通商银行。后又在天津、汉口、广州、汕头、烟台、镇江、北京等地开设分行。招商局为中国金融业的近代化作出了历史性贡献。在中国通商银行开办后的 3 年时间内，全国共设华资银行 17家，其中在上海设总行或分行的有 10 家。

招商局对外投资数额最大的企业是汉冶萍煤铁厂矿公司。1890 年，湖广总督张之洞筹建汉阳铁厂，原为官办。1896 年 5 月 14 日交盛宣怀接办，改为官督商办。盛宣怀把办矿务看做是"转贫弱为富强实有关系"之举，于 1896 年 6 月 1 日委派招商局帮办郑观应任汉阳铁厂总办。张之洞、盛宣怀要求郑观应"暂驻汉阳仍须与顾商局"，两局的经济、人事联系十分紧密。

汉阳铁厂的初期投资 95% 来自招商局及其关系企业，5% 来自盛宣怀家庭或盛宣怀创办的慈善机构。

为解决煤炭供应问题，招商局、汉阳铁厂等企业于 1899 年合资开办萍乡煤矿。招商局及其关系企业的投资约占萍乡煤矿创办资本的 80%。

1908 年，汉阳铁厂、大冶铁矿、萍乡煤矿合组为汉冶萍厂矿公司，招商局在该公司的投资达到 101.9万余两。在近代中国第一家钢铁煤炭联合企业——汉冶萍煤铁厂矿有限公司的创办与发展过程中，招商局功不可没。

招商局对航运非相关企业的投资是一个值得注意的动向。关系国计民生的纺织业是招商局投资的重要领域。1876 年至 1878 年，李鸿章先后委派魏纶先、彭汝综在上海筹办机器织布局（下简称机器局）事宜，未久委郑观应为帮办，负责各项具体业务。1880 年 10 月，李鸿章委郑观应在机器局专办商务。经过十几年的跌跌撞撞，机器织布局终于在 1889 年 12 月 24 日正式点火开工，该局拥有一套 3.5 万枚纱锭、530 台布机、5 座立式锅炉的纺织设备，年织布 18 万匹，开工头一年营业情况良好，年盈利约 20%。这是中国第一家棉纺织工厂，是招商局的直接投资对象之一。1891 年，招商局从备用资金中提银 10 万两附入机器局，1893 年在该局投资达 22.2 万两，招商局下属企业仁济和保险公司在机器局存款 8 万两，这两笔资金占机器局负债总额的 27.5%。招商局为机器局最大投资者。

1893 年 10 月，机器局不慎失火，全厂被焚，损失不下 70 余万两。李鸿章命盛宣怀重新筹资重建，1894 年 9 月，新厂建成投产，改名为华盛纺织总厂，规模更见恢宏，拥有纱锭 64556 枚，布机 750 台。仁济和保险公司在华盛附股 32 万两，后华盛将此款如数归还。招商局为推动中国近代纺织业的发展作出了卓越贡献。

招商局一项重大战略举动是投资兴办教育。

创办新式学堂是洋务运动的一项重要内容。1862 年之后，一批新学堂如雨后春笋，竞相问世。招商局每年向各大学堂捐款 2 万两。

1895 年，盛宣怀奏设天津中西学堂（1902 年改为北洋大学堂，今天津大学前身），这是中国第一所正规化的高等学府。1896 年春，两江总督刘坤一与盛宣怀奏设南洋公学及达成堂，所需经费由招商局、电报局每年共捐助 10 万两，其中招商局每年出资 6 万两。南洋公学将这些资金主要用于购买土地、扩大校园、打造校舍，仅 1898 年至 1906 年就购买了徐家汇一带土地 120 亩。公学分师范、外院（小学）、中院（中学）、上院（大学）4 院。盛宣怀自任南洋公学督办，延请何嗣焜为第一任总理，美籍人士福开森为首任监院，张焕纶为首任总教习。

南洋公学为国家培养了大批栋梁之才，许多当代俊杰，如蔡锷、白毓昆、黄炎培、邵力子、李叔同、洪琛、邹韬奋等均出自该校。

南洋公学选派大批学生出国留学，从 1898 年到 1906 年的 8 年间，南洋公学派遣到美、英、德、日、比 5 国的留学生有章宗祥、王宠惠等 58 人。

南洋公学开风气之先，于 1899 年秋附设译书馆，聘著名学者张元济为主任。译书馆共开设 4 年时间，翻译出版书籍 13 种共 40 余部，仅《原富》一书即达 22 册，在中外文化交流史上写下了厚重的一笔。

南洋公学的名称数度变迁，1904 年移归商部，改称高等实业学堂，1907 年移归邮传部，更名为邮传部高等学堂，成为当时中国交通系统的最高学府，在校教师 34 人，职员 23 人，学生 486 人。该校师范部更是我国师范高等教育的首创。

招商局参与创办的南洋公学是今日驰名中外的上海交通大学的前身。

 ## 中国船被迫改挂外国旗

一国轮船改挂另一国旗帜，是国际航运界的一种惯例。在正常情况下，轮船在本国水域行驶应悬挂本国旗帜。可是，行驶中国江海的招商局船舶，却在几次危急关头被迫改挂外国国旗，这无疑是一场悲剧。

1883 年，中法战争爆发，海疆不靖，局势日益严重。法军公开扬言，他们将"遇船劫夺"，伺机摧毁招商局船队。招商局被迫寻找对策，会办马建忠私下向李鸿章建议，将局轮改挂他国旗帜行驶，得到李的支持。

旗昌洋行得知此事后，主动出价 525 万两收买招商局全部产业与股票，旗昌许诺，将来招商局可按原价收回全部产业。双方延请英国律师担文为保人，初步达成了售产换旗的协议。后经招商局奔走努力，美国公使杨约翰多方斡旋，双方于 1884 年 7 月 29 日最终达成售产换旗协议，招商局全部产业（包括 26 艘大轮和其他小轮、趸船等）作价 525 万两押给旗昌，8 月 1 日正式换旗过户，各船栈交旗昌代为经营。双方的有关契据、银行期票与收据等均交担文律师保存。

这次售产换旗是在极端秘密的情况下进行的。法军曾派人四处侦探，伺机将招商局船只抢作军用。为此李鸿章等与美方约定，双方严守机密，不得泄露，甚至连清廷亦未禀报。

8月中旬，清廷对李鸿章未经奏准擅自出售招商局之事严词指责，一时弄得人言籍籍。客观地说，这件事本身无可厚非。这是招商局在外侮横加、商情惶迫的形势下被迫采取的保护性措施。当时法国军舰随时可能长驱直入，中国商轮既无军舰护航，又不能长期泊港避敌。腐败无能的清政府既不能尽保护本国商船之责，又不能赔偿商船在战争中的各项损失，招商局只好自谋出路，除按国际惯例换旗行驶，实无其他选择。

可是，旗昌洋行却兴风作浪，试图趁机吞掉招商局全部产业。中法战争结束前，清政府一再严令招商局迅速收回船只，但旗昌老板斯米德却不愿吐出这块肥肉。1884年11月13日，斯米德在天津同盛宣怀举行会谈时，居然厚颜无耻地提出：旗昌将财产交还招商局后，应得酬劳2.5万两，并由他本人担任招商局总办经理之职，同时在外国为招商局经理商务等等，致使谈判陷入僵局。

为尽快收回局产，盛宣怀、马建忠邀请斯米德再次来津，磋商月余，直到1885年5月17日始正式签订了按原价收回全部产业的合同，规定从8月1日起开始换旗过户。到8月10日，招商局收回了全部轮船、码头、栈房等各项航产，江海轮船上重新飘起中国旗帜。

招商局为换旗付出了巨大代价，据战后核查，旗昌代营期间（1884 年 8 月至 1885 年 8 月），不仅花掉了当年盈余 34 万余两，对借用招商局 500 万两资产也未支付分文利息，船舶未提折旧费，连保险费也落入了斯米德腰包。此外，旗昌还擅自将招商局大沽驳船作价 11 万余两卖给外商大沽引水公司。由于旗昌公司的重利盘剥，招商局局款一空如洗，不得不依靠借外债度日。局中当事者深感这次同旗昌打交道"吃亏实巨"。而斯米德却毫不知足，竟胡说自己"不敷所出"，公然指责中国方面对他"不公允"，充分暴露了殖民主义者贪得无厌的丑恶嘴脸。

被迫打着洋商旗号的鸿安公司

　　长期以来，清政府严禁民间行轮，外国势力也千方百计阻挠华商兴办轮运企业。从 19 世纪 70 年代开始，一些华商试图冲破清政府的禁令和外国势力的阻挠，大胆进行兴办新式轮船运输业的尝试，但这种努力均因华商自身力量过于弱小、外部阻力过大而屡遭挫折。在此情况下，有的华商被迫打着洋商旗号，用自有资本购买轮船而以洋商名义经营。鸿安公司便是典型一例。

　　鸿安公司成立于 1889 年，是当时华商出资创办的最大的船运企业，据报纸称，公司系"中西商人合股开设"，初期资本约二三十万两，华籍股东有叶澄衷、徐子静、何丹书等著名买办商人。这家公司最初附设在 1884 年开业的英商上海和兴洋行之内，以和兴洋行名义在英国注册，对外称为和兴洋行（和兴公司）或华兴公司，实际投资者完全是华商。公司之所以托庇在和兴洋行名下，主要是为遮人耳目，特别是为了免遭太古洋行的指责和阻挠。和兴洋行以此得到许多实惠，凭空在这家公司享有30%的股权。

鸿安商轮公司为扩充航运实力，1890年购买了"飞龙"、"飞马"、"飞鲸"、"新汕头"4艘轮船行驶天津、牛庄等航线，并在上海耶松船厂订造"宝清"、"益利"两轮，航行镇江、芜湖、汉口等埠，后又在该厂续造"长安"、"德兴"等轮，其中"长安"轮是一艘千吨级的客轮，有客位240个，官房4间，包房8间，该轮于1890年5月1日正式下水试航。截至1890年底，鸿安公司已有轮船11只，约1.2万总吨，净吨位7000余吨，其规模仅次于太古、怡和、招商局三大公司，在中外航业中居第4位，经营6条江海航线。

1893年1月，这家公司正式以英商鸿安轮船公司的名字注册，但全部股本仍为华商所有，实际上它是一家打着英商旗号的华资航运企业。

公司正式开业后，营业状况却每况愈下，到1904年在长江航线只剩下轮船4艘，注册吨位2999吨。是年冬被迫改组，1908年宣告停业，后经买办商人虞洽卿联合华商将其承买，才得以继续惨淡经营，公司只剩下轮船2艘，注册吨位1726吨。1918年12月，虞洽卿筹资百万元，将这家公司中的英商干股悉数购买，改组为完全华股的航运企业，鸿安公司在长江行驶的"长安"、"德兴"两轮及其设在镇、宁、皖、浔、汉各埠的码头、趸船、仓库、栈房全部改由三北公司经营，这家公司才算走上了复兴之路。

省港澳公司称霸省港线

中外航业在长江、沿海、远洋抗衡的同时，在广东水域的斗争也十分激烈。由于广州、香港所处的地位较为特殊，外国资本主义势力十分重视在珠江和省港航线拓展航运业务。英国更历来把这一水域视为自己的势力范围。由于英国航商在香港、广州有着完备的航运设施，航行省港航线的太古、怡和、省港澳三大轮船公司均有雄厚实力，故这一水域成了英商独霸的天下。而其中最具实力的，当属省港澳轮船公司。

1865年，英商德忌利士公司老板道格拉斯·拉普赖克筹资75万元，盘购了美商旗昌洋行、琼记洋行在珠江下游航行的"金山"号、"白云"号和"火鸽"号三艘轮船，同时邀集同孚洋行老板和华商郭甘章入股，于同年10月19日正式创办一家名为"合资公司"实为英资企业的省港澳轮船公司，主要经营省港、省澳两条航线。第二年4月，它获得在黄埔下游的川鼻装卸货物和运载乘客的权利，成为第一家在中国非通商口岸享有此种特权的外国公司。1867年，它又在地势优越的广州老公行旧址建成设施完善的专用码头，被称为"省港澳码头"，长40.8米，水泥结构，可靠泊三四千吨级船舶，开始经营省港定期班轮航线。1871年7月，公司又购进"投机"号和"火花"号两艘轮船，加上原有"泰山"号（3174 吨）、"金山"号（2533 吨）和"瑞泰"号（1816 吨）等轮船，已有轮船 5 艘，辟有香港至广州、香港至澳门、广州至澳门、广州至梧州等 4 条主要航线，在香港设有"永乐码头"，并在香港与广州分别设"省港澳"码头。1873年前后，省港澳公司已承运经珠江出口的棉花、废丝、茶叶、肉桂等货物总量的 85% ~ 90%，进一步确立和巩固在省港航线的垄断地位。

太古、怡和试图对省港澳公司进行挑战。1876 年之前，太古轮船公司已打进广州湾，派"宜昌"号轮船在省港之间隔日航行一次，与垄断该航线的省港澳公司展开激烈角逐。1881 年，太古洋行在广州沙面设立分行，太古轮船公司在广州附近水域的运输力量进一步得到加强，在广州河南白砚壳一带建有仓库 11间，时人称之为"太古仓"。

1881 年怡和轮船公司成立后，在广州芳村东岸大涌口一带建仓库 9 座，每座可贮货物约 150 吨，另在江岸建码头仓库两座，可供 2000 吨级以下轮船靠泊装卸。上述码头、仓库加上办公用房及空地，共计占地132 亩，被当地人称为"渣甸仓"。怡和在省港航线具有相当实力。

省港澳公司与太古、怡和既有争夺，又有妥协。1876 年，省港澳与太古订立为期 10 年的西江客货运输合同。1882 年，两家又签订联营协议，派"琼州"号航行省港航线，每星期对开两班，获利颇丰。

为把持垄断地位，省港澳公司竭力抵制华资航业在省港航线和西江水域从事营运活动。1874年，当地民船在珠江载运棉花，省港澳竟公然向中国常关提出所谓"抗议"。1875年，一条中国商人所有的"黄埔城"号航行省港线，以低廉运价与省港澳公司展开竞争。1876年初，两艘由中国人经营的小轮船悬挂英国旗帜在珠江上夜航，在省港澳公司的压力下，这两艘船于同年9月退出了珠江航线。

招商局在这一水域的出现，使英资航业更为忌恨。1885年冬，招商局派"江宽"轮行驶中国内河珠江，省港澳公司竟伙同太古公司向中国当局提出所谓"抗议"，并以提高运费、拒交欠款相要挟，一时闹得沸沸扬扬。李鸿章对此"深堪诧异"，在1890年7月26日复照英国驻粤领事时表示："以中国之地，行中国之船，无悖合同，无违公法，而（英方）欲喧宾夺主，非理要求，殊不足以彰公道。"四天之后，英国驻粤领事复函李鸿章，百般为省港澳等公司辩解开脱，甚至蛮横宣称，"该洋行等加增水脚银，系毋庸问准他人。开摆船只，听其自行，竟绝毋庸商之中国"，完全是一副无赖面孔。

1890年11月，招商局在广州港设立码头。这纯属中国内政，但省港澳公司却横加干涉。1891年，该公司为打击珠江民船运输业，竟把运价降到木船运价的一半，以致"洋货运者皆舍华船而就洋轮"。

省港澳轮船公司凭借殖民主义者享有的特权并采取非正当竞争手段，在省港航线保持航运垄断地位达数十年之久。

四家日本公司合组日清会社

继 1876 年《烟台条约》辟宜昌、芜湖、温州、北海为商埠后，1895 年 4 月签订的中日《马关条约》又规定开放沙市、重庆、苏州、杭州为商埠，日船可以沿内河驶入上述各口；日本人可在中国通商口岸设厂制造产品；产品运销内地时，可按进口货纳税。同年 7 月，总理衙门咨行江海关，颁发《洋船来往苏、杭、沪通行试办章程十九条》。同年底，清政府被迫同意西江行轮通商。1897 年 2 月，英国胁迫清政府签署《续议缅甸条约附款》，将梧州、三水、腾越辟为通商口岸。1898 年 8 月，由英籍总税务司赫德主持制订的《内港行船章程》正式颁行，准许华洋各项轮船"专作内港贸易"，从而将外国航业的营运范围从江海扩大到所有内河、内港。

根据 1901 年《辛丑条约》的有关条款，清政府被迫与英国于 1902 年 9 月签订《中英续议通商行船条约》。1903 年清政府又与日、美等国签订类似条约，规定：增开长沙、万县、安庆为通商口岸；整顿内河水道以利外国轮船、军舰航行；外国大小轮船均可在内河行驶，中国不得"藉词禁止"；外国船东可在中国河道两岸租借栈房与码头，租期 25 年。该条约的签订，标志着我国航运进一步半殖民地化。

在上述条约庇护下，外国航运业在中国水域再次展开疯狂角逐。日本是后起的帝国主义国家，又与中国是一水之隔的近邻，通过历次侵华战争，其经济与军事实力急剧膨胀，日本航运业在中国水域的入侵活动也越来越猖獗。

早在 1875 年，三菱汽船株式会社在日本政府巨额资助下开辟横滨至上海航线，并在竞争中击败美国太平洋邮船公司（万昌）与大英轮船公司，独霸这一航线。1885 年，三菱会社与 1882 年成立的京都输入会社合组为日本邮船株式会社（下简称日邮），资本总额达 1100 万元，日本政府给予该会社许多特权和优惠待遇，包括保证投资者在 15 年内获得年率 8% 的股息，从而使日邮长期保持日本最大航运垄断企业的地位。1886 年 3 月，日邮派"敦贺丸"开辟长崎至芝罘（烟台）、天津航线。甲午战争后，日本将中国赔款用于发展海运，1896 年订立《航海奖励法》与《造船奖励法》，规定对航行中国、南洋等航线者给予补助，日邮实力进一步增强。1903 年以 250 万元的代价购买英商麦边洋行在长江的轮船与码头，准备打入这一水域。根据惯例，英国租界内的码头不允许他国公司拥有，日邮遂以英国太平洋行的名义，挂英国旗帜参与长江营运。1906 年 3 月，开辟神户至汉口直达航线，进一步加强了在华运输力量。1900 年日邮拥有轮船 67 艘，20.4 万总吨，1907 年增至 79 艘，26.1 万总吨。第一次世界大战期间，日邮不断添置 1.2 万至 1.9 万吨级的大型船舶，到 1918 年 3 月，已拥有轮船 98 艘，44.7 万总吨，1926 年又并入东洋汽船会社的部分航线，日邮资本总额达 1.06 亿日元。1930 年前后，经营航线共 25

条，有船 116 艘，77.4 万总吨，在中国设有上海、汉口、广州、香港、青岛、天津 6 个支店，有 8 条远洋航线途经上海、香港、天津、大连、青岛等埠，经营从日本至上海、青岛、天津、牛庄、大连、汉口、沙市等埠的近海、长江等航线共 10 余条。

　　创办于 1884 年的大阪商船株式会社，是日本第二大轮船企业，1896 年至 1897 年在日本政府支持下两次增资，总资本增至 550 万元。1898 年 1 月，该会社派两艘轮船（毛吨位各 600 余吨）经营沪汉航线，此系日本航运业入侵长江之始。未久，又以"大元丸"（毛吨位 1700 吨）投入汉宜航线。1900 年，大阪会社资本已达 1100 万元，新造"大享"、"大利"两轮（毛吨位各 2200 余吨），1901 年至 1905 年又添"大贞"、"大吉"、"大福"等轮，在华实力仅次于英商太古轮船公司。1905 年 5 月，大阪会社派海轮开辟大阪至汉口直达航线。1907 年之后，大阪会社的船只改行沿海，未久又开辟远洋航线多条。到 1930 年前后，已拥有轮船 146 艘，53.4 万总吨，经营远洋航线 30 条，近海与沿海航线 18 条，靠泊上海、香港、大连、青岛、天津、福州、高雄、基隆、淡水、厦门、汕头、北海等中国沿海港口。1928 年客货收入 6326 万日元，政府给予航线津贴 328.9 万日元，净利 410 万日元，股东红利 375 万日元。

　　此外，日本在华航运企业还有大连汽船会社、天华洋行、昭和海运公司、山下汽船会社、三井物产会社、申亨洋行、三菱公司等数十家。为了向中国内河渗透，日本于 1896 年创办大东新利洋行，1898 年改组为大东汽船合资会社，主要经营长江下游苏、沪、杭三角航线。1900 年成立湖南汽船会社，经营湘、鄂两省航运业务。

为了统一协调日本在华航业的行动，"联合起来一致对外"，日本政府于 1907 年 3 月 25 日将日本邮船会社、大阪商船会社所经营的长江航运业务与大东汽船会社、湖南汽船会社合并，组成日清汽船株式会社（即日清轮船公司）。本社（总公司）设于东京，在上海、汉口设支店（分公司），上海支店辖镇江、南京、芜湖、九江等出张所（办事处），汉口支店辖宜昌、重庆、长沙等出张所，另在沙市、万县、重庆、苏州、杭州、常德、城陵矶、岳州、湘潭等地设"驻在员"或代理店，形成了庞大的航运网；拥有资本 810 万日元，经营航线达 19 条，主要有上海汉口线、汉口宜昌线、苏杭内河航线、汉口长沙线、汉口常德线、宜昌重庆线、九江南昌线等，其实力在长江雄踞外资航运企业之首；另经营上海至广东、上海至天津等沿海航线和大阪至汉口跨国航线。轮船总吨位 5.27 万吨。这些航线都是受日本政府命令开设的，故被称为命令航线。日本政府每年补助日清 80 万日元，日本宫内省的投资占日清股本总额的 50% 以上。

以日清为代表的日本在华航运业发展极为迅速。据 1935 年统计，日本在中国水域共有船舶 98 艘，150587 总吨，居在华外资航运企业第二位。

日本航运企业在中国攫取了巨额利润。1907 年至

1925 年，日清公司营业总收入 1.05 亿日元，最高年份达 1000 余万日元。日本运费收入在外资航运业中所占比例较大，据 1934 年统计，英国所得占 54.09%，日本所得占 32.90%，其余各国占 13.02%。掠夺中国巨额财富是日本迅速成为世界海运大国的重要原因。

英国商人立德罗冒险闯川江

"蜀地富饶，甲于中国西境"，地广物博的天府之国对外国入侵者有着巨大诱惑力。

川江历来是大西南与华中、华东地区物资贸迁的重要通道。自 1876 年《烟台条约》辟宜昌为商埠后，大量洋货经川江倾销于西南，1881 年入川洋货总值达 400 余万两，较 5 年前增长 20 多倍，重庆迅速成为大西南商贸中心。但是，由于川江滩多流急，轮船难以驶入这一航段，入川洋货全靠华商木帆船转运。

《烟台条约》允准英国派员"驻寓"重庆，外国入侵者在四川遂日加活跃。1877 年，英国首任驻寓官贝德禄抵渝后，遍游川、滇、藏数省，"查看商务事务"。1881 年，继任驻寓官庄延岑也遍游四川全省。同年 12 月，英国驻渝领事谢立三乘帆船入川，并于翌年发出"轮船上驶重庆、宜宾"的鼓噪。此后数年，英国籍税务司、英驻华领事官以及企业界人士纷纷赴渝，英国航商更是迫不及待建造轮船，考察航道，加紧川江行轮的准备。而在这些活动中，最卖力的代表人物是英国商人立德罗。

立德罗早就觊觎四川物产之盛。1883 年春，他从汉口乘木船抵宜昌，4 月 26 日从宜昌出发，经过万县、忠州、丰都、涪州、长寿等地，5 月 12 日到达重庆。他在渝逗留一周，进一步收集商务情报，为行轮川江作准备。他根据所见所闻写成《扬子江三峡旅行记》一书，出版后曾一度广为流传。

1884 年，立德罗购置了一只"彝陵"号小轮，经营汉宜航线，并伺机入川。由于营业状况不佳，他便把这条船租给了招商局。

1885 年，立德罗回国，筹资 1 万英镑，于 1887 年创设川江轮船公司，在英国柏司利船厂订造一条小轮，命名为"固陵"，注册吨位 304 吨，毛吨位 458 吨，船长 48.8 米，宽 8.2 米，吃水 1.5 米，航速 8.5 海里/小时，可载客 502 人。1888 年 2 月，"固陵"号驶抵宜昌，试图冒险闯入川江。万名船民、纤夫闻讯大惊，他们担心失去生计，联名上书四川督抚大臣，请求严阻该轮入川，重庆一些居民还主张毁坏这条轮船。英国驻重庆代理人柯克伯恩竟要挟中国地方当局"应负责镇压暴民"，并胁迫宜昌府东湖县县令张贴告示，告诫"川帮船民人等，欲行聚众截堵，甚属不法"。四川绅民闻之大哗，一时气氛极为紧张。

清廷担心激起民变，遂令地方官员与立德罗进行商谈，并请英驻华公使出面劝阻，但立德罗仍不肯放弃入川计划。后经总税务司赫德出面调停，中英双方于 1889 年 5 月达成协议："固陵"轮以 12 万两的高价卖给海关，立德罗许诺 10 年内不再行轮川江。

赫德深知这条船并不适宜在长江上游航行，便以"闲置可惜"为由，同年底将"固陵"号作价4万两转卖给招商局。立德罗第一次试航川江激起的风潮才告平息。

《马关条约》签订后，外轮纷纷侵入川江，始作俑者仍是立德罗。

立德罗洋行办起四川第一家猪鬃厂和第一家煤矿，经济实力大增。为了扩大货物进出川运量，立德罗决定再次试航川江。他在上海订造了"利川"号轮，用柚木作船壳，以蒸汽机为动力，长55英尺，宽10英尺，空船吃水2.9英尺，满载吃水5.5英尺，时速9海里。1898年1月15日，"利川"轮由上海启程，立德罗自任船长与大车，航行3周抵宜昌。他怂恿英国公使致函宜昌官厅，迫使当地官员允许"利川"号上溯川江。2月15日，"利川"轮在宜昌府派出的一艘炮船和1艘救生船的护送下西行入川，立德罗也自备驳船1艘，载煤10吨，并雇水手10人随船西上。

"利川"号试航川江，在崆岭、新滩、泄滩、牛口、风箱峡、兴隆滩、剪刀峡等险滩、峡谷航行时，多次险遭不测。3月9日，驶抵重庆。这是航行川江的第一艘外国轮船。

"利川"轮试航川江的成功，使外国入侵者深受鼓舞。1900年4~5月，英国炮舰"山鸡"号和"山莺"号从宜昌起锚，溯江西上，驶抵重庆，受到当地官员"升炮致敬"的破格接待。这两艘炮舰未久又上驶至泸县、嘉定，探测川江上游航道。

与此同时，立德罗本人也在积极筹办第二次川江之行，他于 1900 年创办扬子江贸易公司，出资 8 万元，在英国丹那船厂订造"肇通"轮，长 180 英尺，宽 30 英尺，1000 马力，时速 14 海里，毛吨位 311 吨，载货 150 吨，聘请英籍航运专家蒲兰田为船长。7 月 6 日"肇通"轮离开宜昌西上，历时 9 天，实际航行时间仅 73 小时，于 7 月 16 日抵达重庆。这是洪水季节航行川江的第一艘外国商轮。后来，"肇通"号被英国海军收买，改为炮舰，命名为"金沙"号，编入英军长江中段舰队。

美、俄在中国江海的石油运输

美、俄等国在中国水域的运力虽相对不足，却垄断了一种特殊的专业运输——煤油运输。

早在 1866 年前后，英商麦边洋行、德商瑞记洋行开始在上海行销煤油。1870 年，美商美孚洋行将 7.6 万加仑煤油直运上海，由买办商人叶成忠负责经销。叶成忠为旗昌洋行等美商在上海浦东购买地基，专作储备煤油之用。"近来火油（即煤油）进口为一大宗，每年销售数百万（箱），是火油一项，亟宜另筹囤积之处"。美国等西方国家在中国每年倾销煤油达数百万加仑到数千万加仑，仅旗昌洋行和英商怡和洋行在浦东的囤油栈房 1888 年 9 月至 1889 年就共囤煤油 27 万箱。

最早在中国运输和推销煤油的专业油运公司美孚

火油公司隶属于设在纽约的美孚石油总行。美孚火油公司（又称上海美孚洋行）于 1894 年在上海广东路设立，并在长江、珠江等口岸设有分公司或经销点，经营煤油运销业务，其触角一直伸到这两大水域的穷乡僻壤。"上至搢绅之家，下至蓬户瓮牖，莫不采用洋灯，而旧式之油盏灯淘汰尽矣"。

从 19 世纪 80 年代起，俄国在煤油运销方面已成为美国的劲敌。当时，石油运输工具已有了某些改进，除了原有的箱装油轮外，又出现了一种散装石油的油槽轮船，运输量加大，竞争更趋激烈。长江是这一争夺战的主要场所之一，1888 年，3 只俄国油轮装载 200 多万加仑石油驶往上海。此后，俄国石油占上海港石油进口总量的 1/3。90 年代初，散装油槽轮船运输已逐渐代替箱装油轮运输。1890 年前后，英国亚细亚石油公司开始打入中国石油市场。而英国壳牌运输贸易公司和壳牌轮船公司由德商瑞记洋行代理，率先于 1892 年在上海陆家嘴建设 3 座贮油池，以便直接从油轮抽油入池，然后装箱运往各地 。美孚洋行采取同一措施，于 1894 年在上海建造贮油池，并于 1901 年在汉口丹水池建造油库，1894 年，美、俄、英等国输入中国的石油达到 6970.5 万加仑，折 16.2 万吨，总值 800 万海关两。英改用散装油轮在中国运销石油 。英美两国油运势力在长江等水域的竞争更加激烈，美国对华煤油输入量在各国对华煤油输入量中仍居首位，约占各国对华煤油输入量的 3/4。

英、美等国石油公司将油运线不断向长江中上游延伸。

1901 年，美孚洋行委托瑞记洋行将 370 万加仑煤油由上海运抵汉口，卸入汉口德租界的储油池，美孚煤油开始行销华中各地。

在完成长江中游的运销布局后，美孚、亚细亚先后挥师西进。美孚率先在四川销售煤油，1890 年在重庆建造储油货栈，最初委托英商隆茂洋行代销，后由买办陈尔梅、刘子原等自运煤油来渝，在重庆、万县、泸州、宜宾、嘉定、成都、南充等地及中小城镇建立起以重庆为中心的覆盖四川全省的运销网。

由于轮船开行重庆的时间较晚，故最初入川煤油全由木船（挂旗船）承运。1891 年 5 月 26 日，英商立德洋行最先雇用一般民船悬挂立德行旗载运煤油等货物，由汉口经宜昌历时 50 余天驶抵重庆，这是汉渝线承运煤油的第一艘上水挂旗船。此后，运油挂旗船数量不断增加。到 1897 年，承运煤油的挂旗船比 1891 年增加近 2 倍，年运量约 5670 吨。

美孚、亚细亚及其他英美石油公司争相派船承运煤油入川，使重庆煤油进口量剧增，1890 年仅 2.8 万加仑，1896 年增至 11 万加仑，1911 年更达到 85.7 万加仑。美、英石油公司已完全垄断了四川石油运销。

 12 以"黑龙江"命名的俄国公司

甲午战争前后，沙俄进一步加快了对中国东北水域的入侵步伐。沙俄政府居心叵测地三次以"黑龙江"

命名俄国航运公司，充分暴露了沙俄独占黑龙江航运的野心。黑龙江轮船公司——黑龙江商轮公司——黑龙江轮船总公司一脉相承，是俄国在中国东北水域不断扩张的产物。

1871 年，沙俄设立黑龙江轮船公司，开创资本 70 万卢布。沙俄政府对其实行特殊资助政策，1872 年给予这家公司特许保护权 20 年，每年由政府补助 30 万卢布，并将原在黑龙江航行的官有轮船拨归该公司使用，后又为这家公司发行债券 125 万卢布，使其资产总额迅速增长。到 1886 年，以黑龙江轮船公司为主体的俄国商船队已有船舶 37 艘，总吨位达 48 万普特（约 7800 吨）。

甲午战争前后，沙俄进一步在中国东北水域扩张其势力，于 1895 年另行组织黑龙江商轮公司（又称黑龙江贸易轮船公司），创办资本 200 万卢布，沙俄政府给予 15 年特许保护权，每年由政府补助 25 万卢布。这家公司拥有轮船 70 艘，每年营运获利 50 余万卢布，未久轮船即增至 140 艘，除经营黑龙江航线（伯力至尼哥拉伊斯）外，又于 1895 年 8 月派遣两艘商轮非法驶入松花江，沿途非法销售工业品、收购农产品，并派轮偷偷驶入乌苏里江。此外，该公司还于 1895 年夏季对伯力与斯列坚斯克之间的黑龙江航道进行过勘察。到 1896 年，俄国以黑龙江商轮公司为主体，已完全取得黑龙江航线的垄断权，拥有大轮船 55 只，小轮船 73 只，总吨位达 93.2 万普特（约合 1.5 万吨）。

与此同时，沙俄趁机取得了在中国东北修筑中东铁路的特权。1897 年，俄国运输铁路器材的船只开始偷偷在松花江航行。1900 年，沙俄与清政府签订《松黑两江航约》，正式允许中东铁路公司的船舶在松花江航行并享受免税优待。同年，俄国趁出兵镇压义和团之机，在哈尔滨与伯力之间开设定期航线，并非法经营客货运输业务，中国政府屡次提出抗议，沙俄均置之不理。

为了进一步加强在黑龙江水系的垄断地位，沙俄政府于 1916 年将黑龙江商轮公司与另一家俄国公司索斯金轮船局合并，在哈尔滨组建黑龙江轮船总公司，拥有轮船 100 余只，驳船 70 余只，计 40950 总吨。这家公司在黑龙江、松花江和乌苏里江共经营 5 条航线，均设定期班轮，可分别航行萨哈连（大黑河）、海兰泡、伯力、伊曼、富锦、庙街、结雅河各地，在中国东北编织成一个较大的水运网络。而华商船只在沙俄军队的武力阻拦下，竟只能龟缩于狭小的松花江，不能进入黑龙江干流航行。直到 1917 年俄国十月革命后，黑龙江轮船总公司才结束其业务。

三 民族航业艰难发展航运 体系初步形成

 ## 华商小轮业的艰难诞生

清政府禁止内河行轮的政策刚一松动，华商小轮便纷纷驶往各地支流内港。

长江中下游出现了一批民营内港小轮航运企业。1890年下半年，华商吴楚记、顺记、同茂、福记等轮船行号或小轮公司，各有小轮船数只，或招徕官商附拖雇搭，或专拖绅官坐船，或专接内河官府差务，逐日或隔日来往于上海与苏州、杭州之间。

1891年，戴生昌苏杭各路官轮船局在杭州成立，航行沪、苏、杭、锡、常、嘉、湖、镇等处，拥有资本12万两，船只20余只。1901年兼并李福嘉公司，独办常州航线。其创办人戴嗣源（绥之）、戴玉书父子，原籍镇海，1905年冒籍台湾，加入日籍，以便享受外商在华的各种特权。此事引起常镇道、上海道等地方官员的质疑和批评，但受到日本驻上海总领事的庇护。在日本卵翼下，戴生昌终于由华商变成了日商。

但戴生昌公司在 1905 年之前仍属华资企业。

1891 年，浙江牙厘总局集资创办浙江官轮局，在上海北苏州路设有营业所，备有小轮 8 只，定期往来于上海杭州之间，这是"半官方性质的企业"，主要装运旅客与邮件，"还有从杭州运来的官帑及贡丝"。同年设立通利内河官雇轮船总局，也备有轮船数只。1892 年，益利轮船局除附搭和拖带绅商座船外，还拖带装载银洋的运钱船。

长江下流内港小轮业渐趋兴旺，上海海关在一份报告中认为："内河航运对轮拖的需要日益增长"，但当时仅在上海及苏州一带民船才能"自由装载旅客和官员巡游的官舫"。到 1893 年，有些小轮已开始驶入长江干流，是年 3 月，民营丰和轮船公司备有小轮 6 艘，航行镇江、南京之间。这一年，在南京也有华商开办小轮公司。同时上海地区的小轮运输业仍方兴未艾，设在上海的萃顺昌申硖轮船局，拥有资本五六千两，派轮行驶于上海、嘉兴、硖石之间。1894 年，又有泰昌义记申杭湖州轮船公司出现，这是一家初具规模的内河小轮公司，拥有资本 1 万两，往来于上海、杭州、湖州之间。这一年，在芜湖也设有一家泰昌轮船局，约有资本 10 万元，轮船 15 只，计 350 吨，泰昌以后发展为一家具有一定实力的内河轮运企业。

长江中游湖南、安徽、江西一带支流内港，如洞庭湖、鄱阳湖、巢湖等处，在 1892～1893 年期间，都有当地绅商要求试行小轮船，虽然得到李鸿章的支持，但为湖广总督张之洞、两江总督刘坤一所阻止。

与此同时，粤闽两省的内港小轮事业仍在继续发展。1890年，广州省河及珠江三角洲一带一些船户使用轮船拖渡，但规模较小，一般由一两户或三四户共备渡船一只。1892年，茂名、水东等处，也有人使用小轮船拖带渡航。这一年，汕潮揭轮船公司增购小轮1只，继续在汕头至潮阳、揭阳两处航行，并改成轮船自运，不再拖带渡船。

上述小轮公司，一般规模较小，大都购办一两只小轮船，或几家合购一只小轮，较大者也不过有船数只，时兴时废，很少能长期维持营运，在业务上受到官方多方限制，一般只准搭客和拖带官绅座船，不准载货或拖带货船，其航行路线大都由官方核定。这些小船公司要向当地厘卡缴纳规费，如广东的永华兴、致祥、利济、和记、永安等5家公司，在1893年之后的五六年间，缴纳规费近9000两。有的还要为官府运载官钱及贡品，甚至被迫接受官方资本的掺入，称之为官轮船局。

清廷虽在个别地区解除了内河行轮禁令，但仍旧封锁多数地区的内河水道。1890年，詹事志锐奏请在各省试行小轮，遭到总署及督抚大臣的批驳。1891年，刘坤一在《严禁内河行驶小轮折》中，认为"小火轮行驶内河，流弊滋多"，甚至指责内河行轮"碍民生，妨国课，病地方，请严禁之"，刘坤一的言论在封疆大吏中颇具代表性。

外商航业仍然竭力阻挠和压制华商航运业的兴起，1891年，怡和大班晏尔吉在写给盛宣怀的信中重申，

"设法驱逐行走江海的野鸡船，俾我三家可以独占其利"，这里所要驱逐的"野鸡船"，主要指行走江海的中国民营轮船。在种种限制下，有的华商被迫继续打着洋商旗号，用自有资本购买轮船而以洋商名义经营。

事实说明，小轮航运业远未冲破封建势力的阻挠与束缚，也未能摆脱外国入侵势力的影响和干预。

商船公会——民族航运业谋求生存的尝试

面对官府的压倒、军阀的打击、少数大航运企业的把持和中外大公司的联合垄断，中小航运企业的处境异常艰难。他们试图在夹缝中求得生存。中国航业前途在哪里？航业界经过艰难探索，似乎找到了一条途径：成立商船公会。

商船公会是一种带有民间团体性质的非盈利行业组织，其宗旨是维护航业利益，调整内外关系，拟订航业公约，服务航业群体，进行航业自律等。其时，以内河招商局为首的商船公会经农工商部批准在镇江成立。

中国第一家商船公会出现在镇江不是一种偶然现象。镇江虽是内河港口，但与入海口近在咫尺，又是南北两运河交接点，系江海和东西南北各水总汇之区，航运地位极为重要。航运业的发展呼唤着商船公会的诞生。

1904年1月，清政府公布《商会简明章程》，鼓励各地商人设立商会。

1905 年 8 月，镇江商人杨长标、王占举等 30 人联名致函招商局镇江分局，请求创设江苏商船公会，认为此举"实于华人航业大有裨益"，他们还推举内河招商局朱冯寿为公会总理，吴棣为协理。同年 9 月，朱冯寿向农工商部呈文，正式呈请设立江苏商船公会，并附呈简章 13 条（后经南北洋大臣核定为 18 条），这一请求被农工商部和南北洋大臣批准，并于 1906 年 3 月 27 日"具奏，奉旨依议"。

由于设立商船公会是一件有利可图的事情，故各地航商争相建议设立，仪征十二圩十三帮成秉璋等向农工商部呈文，提出设立长江商船公会，由成秉璋主持筹办，而将朱冯寿原所提议的公会改称江海商船公会。朱冯寿等于是再次呈文农工商部，重申前请。双方争论的结果，农工商部表态支持朱冯寿，6 月 27 日，长江商船总公会在镇江成立，并在苏州、常州、上海、杭州、扬州、清江等埠设分会，在众兴、宿迁、皇陵庄、大伊山、怀远、正阳关等埠设支会。

此后，商船公会陆续在宝山、通州、无锡、盐城、泰兴、南京等处添设分会，在江阴等处设支会。随之，广东广州、韩江，广西梧州，江西九江，福建福州，安徽芜湖（后改为大通），湖北汉口均设有商船公会。

商船公会成立后，开展了一些活动。一是"劝令华商勿挂洋旗"，二是"力求当道改革苛章"，三是协助当局"豁免轮船钞费"。作为政府与航运企业联系桥梁的商船公会，负有"保护航业"的职责。如哈尔滨航业公会自 1921 年成立后，"改良水道及调合各轮船之航运事业，并解决各在会航商之彼此争执以及其他等项有关航业事务"，对促进东北各航运企业的联合发挥了积极作用，东北联合航务局就是在这一基础上成立的。广大航商希望"公会保护……下情行以上达，积弊庶可渐除"。

但是，各地航业组织各不统属，体系芜杂。各地航商纷纷要求成立新会，仅湖北省就有几十名航商分别呈请成立商船总公会、湖北商船总公会、湖北全省商船总公会，而呈请成立"湖北商船公会"者竟达 3 起，这些要求均被交通部驳回。江苏、四川、湖南、江西等情况也大体相同。1920 年，交通部明令"新会不准成立"。

航业公会为少数人所把持，"流弊滋多"。如农工商部所颁章程中规定：公会可酌取旗费，"而南北货船又不下数千只，是以人皆视为利薮，趋之若鹜"。

航业公会势必走向其反面。

航商谋求生存与发展的努力再次遭遇挫折。

 清政府自开秦皇岛通商口岸

19 世纪中后期，我国港口相继对外开放，其中多数是按不平等条约的规定被迫开埠的"约开口岸"。秦皇岛、湖南岳州、福建三都澳三埠，则是清政府自行开放的"自开口岸"，其中以秦皇岛港最负盛名。

秦皇岛港位居渤海湾北岸中端，为不冻深水良港。

近代港口的发展，与港口腹地经济的勃兴密不可分。秦皇岛港被清廷自辟为商埠，首先缘于唐山开平煤矿的创办和唐榆（唐山至山海关）铁路的修筑。

1875 年，李鸿章奏准创办开平煤矿，1878 年正式设立开平矿务局，1883 年煤炭产量超过 10 万吨。为解决煤炭运输问题，开平矿务局修筑了从矿区到胥各庄全长 18 华里的铁路专用线，后称唐胥铁路，从此开平煤炭可经水陆联运直抵天津港。由于运销渠道得以解决，加上清政府对开平出口煤炭实行减税政策，该矿煤炭产量逐年增长，1892 年已达 30 余万吨。1893 年，唐榆铁路与津唐铁路（即津榆铁路）全线贯通，全长 348 公里，横贯整个秦皇岛沿海地带，又在山海关设枢纽站，使开平煤炭外运能力大增。但天津出口码头输运能力却明显不足。当时，外国商人力图夺走开平煤炭所占市场，在激烈竞争中，开平矿务局自选优良港口，建设新的码头日加紧迫。

19 世纪后期，我国边患频仍，危机日重，外国势力加紧了对秦皇岛沿海地区的窥测。直隶总督李鸿章认为："大沽、北塘、山海关一带系京畿门户，是为最要。"由于甲午战后旅顺口、威海卫分别被俄、英两国租借，重建北洋水师已难寻良港，清廷遂准备在秦皇岛兴建军、商兼用港口。但修建军港，估计用银约 600 万两，清廷财政状况极为窘迫，建港经费实无法筹措。于是，清廷改变初衷，拟将秦皇岛港定为商港，并开始勘察海岸，选定港址。估计商用码头工程投资约百余万两。

1896 年 2 月，清廷委张翼督办秦皇岛建港事宜。3 月，张翼派开平矿务局英籍雇员鲍尔温勘察秦皇岛港湾地质情况。经两年观测，鲍尔温认为秦皇岛港湾条件"较北戴河为佳"，后经张翼禀报总理衙门批准，秦皇岛港于 1898 年被初步确定为冬季邮运船只及商轮的停泊港。同年冬，"永平"号轮试航烟台秦皇岛线成功。为方便轮船靠泊和客货起卸，秦皇岛港建成首座木质半浮动、半栈桥式简易码头，长约 30 余米，可供吃水 4.3 米以下中型轮船靠泊。此后，出口煤炭、邮政包裹及京津商旅经该港出入的数量日益增多，总理衙门遂于 1898 年 3 月 26 日奏准正式将秦皇岛定为通商口岸。由于开平矿务局为筑港垫付了巨款，港、局关系特别密切，秦皇岛港实已成为开平港务局专用港口。

秦皇岛是清廷自行开辟、主动宣布的通商口岸，既维护了国家主权，又有利于港口发展。外国势力对此颇为忌恨，特别是英国早就企图染指开平煤矿和秦皇岛港口。1899 年，英国财团趁开平矿务局向其借款 20 万英镑之机，收购了大量开平股票。20 世纪初，英国财团威逼开平矿务局总办张翼还债，并诱使张翼将开平矿务局全部产权和港口权出卖给英国华威克—墨林公司，不久又以"开平矿务有限公司"名义在英国注册。从此，秦皇岛港、矿主权落入了英国手中。

为适应扩大对华商品输入和进行经济掠夺的需要，英国对秦皇岛港码头进行了改造和扩建。1900 年动工，1914 年基本完成大、小码头工程，使秦皇岛港初步成为渤海湾大港。截至 1918 年，泊位总长 2060 英尺，大小码头并列，构成秦皇岛港独有的特点。到 1925 年，码头工程全部完工，计有泊位 7 个，总靠泊能力 2.3 万~2.8 万吨，其中 7 号泊位水深 19.5 英尺，可靠泊 8500 吨级轮船，堆场储存煤炭能力达 50 万吨。港区建有铁路专用线，总长 36.7 公里。

秦皇岛港出口货源有煤炭、水泥、花生、黄豆等，分别运往上海、香港、烟台及长江口岸，并输往日本、东南亚及欧美等地。其中煤炭约占该港出口货物的 90%~95%，1932 年出口煤炭达 323 万吨。

日本对秦皇岛港觊觎已久，在各国进出港口船舶吨位中，日本船只一直居首位，1913 年为 38.4 万吨，占外国进出口船舶吨位的 37.1%，1940 年升至 122.8 万吨，占 61.3%。日本当局与开滦英国资本家相互勾结又相互争夺，英方对日本既依赖又利用，日本则力图将港口从英国人手中夺走。早在 1905 年 12 月，开平矿务有限公司与日本当局就秦皇岛港湾的使用与管理问题签订"契约书"，规定将日本所占用的土地，无限期地租予日方，"不得妨碍日本在秦皇岛港的利益"，并规定对日本军方与官方船只及商船进出秦皇岛港"尽量给予方便"等。九一八事变后，日军于 1933 年 3 月占领秦皇岛。1936 年，英、日重申 1905 年"契约书"的有效性。同年双方又达成协议，任命南满株式会社职员儿玉翠晴为开滦总经理顾问，并派荒木到秦皇岛港督察。1937 年 9 月，日本在港口成立联络室，直接控制港口装卸和进出口业务，形成了英日共管港口的局面。在 1933~1940 年的 8 年时间内，日本从秦皇岛输出煤炭等战略物资近 3000 万吨，开平矿务局则从扩大对日贸易中获取了 1 亿多元的巨额利润。

太平洋战争爆发后，日本对秦皇岛港实行军事管理，港口沦为日本的军事运输通道和经济掠夺基地，对外贸易从此一蹶不振，1945 年煤炭出口量不及战前的 1/10。

 # 张謇创办大达三家姊妹公司

从 19 世纪 70 年代开始，一些华商试图冲破清政府的禁令，大胆进行兴办小轮业的尝试。1877 年至 1890 年间，上海、苏州、杭州、湖州、江阴、扬州、汉口、岳州、沙市等地华商呈请设立小轮公司，但均遭到官方批驳而夭折。19 世纪 90 年代初，汕头、烟台等地出现了几家小型民营航运公司，也因受到官方的掣肘和外商的排挤，时兴时废，难以维持营运。

甲午战争后，兴办民营航业的呼声再度高涨。迫于形势，清政府终于允准"内河行小轮，以杜洋人攘利"。一批民营航运企业遂应运而生。浙江、江西、两湖、上海、江苏、广东、福建等地相继创办了一批小轮公司或轮船局。据统计，1895 年到 1900 年间，各地先后兴办的小轮航运企业共约 100 家，到 1900 年维持营运的企业有七八十家，约有轮船 400 余艘，1 万总吨。1903～1905 年，著名实业家张謇又先后创办了三家以"大达"命名的公司。

张謇（1853～1926），江苏南通人，字季直，甲午科（1894）状元。1895 年，应两江总督张之洞之请，总理南通、海门一带商务，1899 年，建成大生纱厂，因有水道经天生港入长江，建有专用码头（即大生内河码头）。1900 年，申请自办轮船运输业务，经两江总督刘坤一案准，同年向广生小轮公司租赁"济安"号小轮，在南通与上海之间往返运输货物，兼营客运。是年 8 月，又在上海、南通两地筹资购买"济安"轮（后更名"大生"），设立大生轮船公司，行驶上海—南通—海门及崇明航线。不过，大生公司仍属大生纱厂附属企业，仅有轮船 86 吨。

1903 年，张謇与如皋绅士沙元炳等集资 2 万元，在南通唐家闸设立大达内河小轮公司，其中大生纱厂投资 18500 两，张謇自任总理。开业当年订造"达沪"、"达海"、"达河"、"达津"等小轮 7 艘，先后开辟南通至吕四、海安、如皋、泰州、扬州、东台、盐城、兴化、邵伯等航线，嗣后将资本增至 5 万元，共有小轮 11 只。

大达内河小轮公司的创办，引起当地盐官、盐商及旧式木船业主的非议和责难。张謇凭借其政治、社会地位，得到两江总督周馥的支持，终于站稳了脚跟。该公司冲破重重阻力，一度发展为长江下游最大的民营小轮航运企业。

天生港是长江在南通的一个自然港湾，具有兴建近代码头的良好地理条件。到 1904 年，南通交通已有显著发展，从天生港辟有至上海与南京下关两条航线，建港条件日臻成熟。张謇遂于同年 9 月着手经营南通天生港轮埠业务。翌年10月17日，张謇致函两江总督周馥，请求允许天生港自开商埠。1906年4月，周馥上奏清廷，8月12日，户部与外务部会衔奏准，定天生港为起卸货物的不通商口岸。8月，张謇正式出面创设天生港大达轮步公司（亦称通州大达趸步公司），这是中国内河第一个民营专业港埠公司。张謇等筹资在天生港建成东、中、西石码头三座。其中东、中两码头驳岸总长159米，宽24～28米，分别建有栈桥，将报废的两艘舰船改装为趸船，命名为"通靖"、"通源"，均可停靠千吨级船舶。到1910年2月，天生港建港工程竣工。

第三个以"大达"命名的公司是上海大达轮步（埠）公司（又称大达外江轮步公司）。1904年，张謇邀请汤寿潜等绅商在沪筹议此事，于同年7月25日拟定大达公司"轮步咨呈"。1905年8月25日，江苏巡抚批准该公司立案成立。公司设于上海十六铺外滩，张謇任总理。除经营码头装卸业务外，同时开展轮运业务，先后开辟上海至南通、扬州等航线，当时人将行驶上述两航线的"大安"、"大和"二轮合称"沪扬班轮"。通过竞争，击败英商祥茂洋行，收购该行两艘木货轮船。到1910年，上海轮埠公司已拥有资本39.76万两，轮船4艘，计1634总吨，成为一家初具规模的中型内河轮船港埠公司。

以张謇创办的上述三公司为核心，加上一些规模较小的航运公司及其他相关企业，组成了颇具实力的大达航运集团，通称大达公司。从辛亥革命到第一次世界大战之后，大达公司发展到了全盛时期。1921年，大达内河小轮公司拥有小轮19只，辟航线10余条，成为一支活跃的运输力量。上海大达轮埠公司业务发展也较为顺利，通过改组机构，添招新股，扩充运力，公司营业年有盈余，到1927年底，历年盈余总额达169.36万两。同年改名大达轮船公司。天生港大达轮埠公司的发展虽曾出现波折，但自1915年改为大生集团独资企业后，业务形势日趋好转，到1927年，已将历年积欠大生纱厂的债务本息全部还清。同年取消天生港大达轮埠公司名义，改称大达轮步，直属大达轮船公司领导。从此，大达公司的业务进入以江海运输为主的阶段。

最大民营航运企业——三北公司

中国近代规模最大、实力最雄厚的民营航运企业，是虞洽卿创办的三北公司。

虞洽卿（1867～1945），字和德，浙江镇海人。15岁时到上海瑞康颜料行当学徒，从1892年起，先后任德商鲁麟银行、华俄道胜银行买办，财力渐丰，捐买了道员街，以亦商亦官双重身份进入上层社会。1906年赴日考察，返国后转而投资兴办实业，于1908年设立宁绍商轮公司，初创股本100万元（1909年实收75万元），在上海十六铺租赁码头，建造栈房，主要经营沪甬航线，后派"宁绍"轮（毛吨位2641吨），行驶长江线。虞洽卿还先后集资创办了四明银行、劝业银行、上海证券交易所，并经营房地产等业务。

1913 年，虞洽卿在家乡龙山开设轮埠，而龙山地居镇海、慈溪、余姚之北，故名"三北"，先后购置"镇北"、"慈北"、"姚北"各约百吨的小轮，时人称之为"小三北"，行驶于龙山与镇海、宁波之间，后将航线扩展到浙东沿海穿山、沥港、龙江等地。1914 年，三北轮埠公司在上海正式设立，资本 20 万元。

1915 年，虞洽卿与宁绍公司股东发生龃龉，愤而退出宁绍，全力经营三北公司，添置 1000 余吨的"升孚"轮，辟上海至崇明、通州、泰州、扬州、镇江等航线。1918 年添招股本 80 万元，使资本总额增至 100 万元，续购"升有"、"敏顺"、"惠顺"三轮（各在 1500 吨以上），进一步拓展航线，以上海为中心，北可至天津、海参崴，南抵福建、广东及新加坡、仰光，东到日本，西沿长江可达汉口。

欧战期间，三北公司发展较为顺利。欧战结束后，中外航业竞争加剧，三北公司亏蚀严重，几难维持。于是设法改善经营管理，淘汰旧轮，向银行借款购置新船，调整航线；同时争取北洋政府的支持，得到财政部发给的 150 万元国库券。从 1919 年 10 月起，三北公司享有北洋政府给予的 6 厘保息贷款优待，并得到每年 10 万元的津贴。同年招收新股 100 万元，总资本达 200 万元，陆续购置"升平"、"升安"、"升利"等轮。到 1921 年，共有轮船 12 艘，11134 总吨，加上租用的船舶共 21 艘，2 万多总吨，为当时实力最强的民营航运企业。

　　虞洽卿还创办了其他航运企业或与航运相关企业。如1916年筹资30万两在上海浦东烂泥渡开办鸿升码头堆栈公司，1917年由其子虞顺思出面，与人合作创办宁兴轮船公司，购买"宁兴"轮（3439吨）行驶沪甬线。1918年虞洽卿等筹资100万元悉数购买鸿安商轮公司中的英商股份，将其改组为完全华资企业，专走长江线，其业务由三北公司代理。到1921年，鸿安公司共有轮船5艘，5604总吨，成为长江中外六大轮船公司之一。

　　三北轮埠公司及上述三家公司均由虞洽卿及其家族独资创办，都在上海广东路93号办公，名义上各为独立法人，但经营管理由三北公司全权负责，统一于三北公司名下，组成了当时最大的民营航运联合企业，即三北航业集团，人们一般称之为三北公司。截至1919年，三北（合鸿安、宁兴、鸿升）产业总值达500余万元，其航线包括：长江线——上海至汉口、宜昌、重庆等埠；北洋线——上海至海州、青岛、威海卫、烟台、天津、秦皇岛、牛庄、安东、大连、海参崴及日本；南洋线——上海至宁波、温州、台州、兴化、泉州、福州、厦门、汕头、广州、香港及南洋群岛；宁波线——宁波至镇海、穿山、沥港、龙山、普陀、岱山。

　　1922年，三北公司盘购肇成机器厂，改称三北轮埠修造厂，除修理三北系统船只外，也可制造小型轮船、拖轮、铁驳、浮码头、趸船等。

　　三北集团在10余年时间内，迅速发展长江、沿海和远洋航运，形成了较为合理的运输布局。在三北集团内部，三北公司以海为主，江海兼营，鸿安公司则专注于长江航运，两家各有优势，互为补充。抗战前夕共有船舶 6.79 万总吨，居民营航业第一位。

东北最大民族航业——戊通公司

由于沙俄长期独占黑龙江、松花江航行权，使东北地区民族航运业的诞生比南方地区更为艰难，步履也更加蹒跚。

1906 年 5 月，呼兰知府李鸿桂等集资创设先登轮船公司，官商合办，为黑龙江水系第一家民族小轮企业。此后，一批小轮公司相继创办，到 1917 年，东北水域民族航运业共有小轮 26 艘，2997 马力，1052 总吨，可拖带 3520 吨，另有驳船 9 艘，1163 总吨，其力量仍然比较弱小，而沙俄在这一水域共有轮船 294 艘，拖船 289 艘，载货能力 104800 吨，相当于该地区中国商轮运载能力的 47.3 倍。

1917 年俄国十月革命后，苏俄政府实行航业国有政策，沙俄航业资本家为了逃避政府的没收，纷纷将船只抛售给中国商人。1919～1921 年间，中国当局经与苏俄政府多方交涉，收回了黑龙江部分航权，从而促进了民族航运业的发展。

1918 年 7 月，华商孟昭常联合章贵等绅商筹设戊通公司，并呈报北洋政府交通部，获准备案。公司预定资本 200 万元，由黑龙江督军鲍贵卿出面奔走招股，首批集资 50 万元。翌年 3 月 9 日，公司在哈尔滨召开首次股东大会，定名为戊通航业股份有限公司，推举梁士诒、曹汝霖等七人为董事，王宰善任总经理。3 月 10 日，戊通公司正式成立，总公司设于哈尔滨。

创办之初，因资金匮乏，戊通公司从交通银行哈尔滨分行贷款，向俄国订购轮船 29 只、驳船 16 只，总运力 2.7 万余吨。因俄方刁难，戊通实际所付之款比原船价高出 80%。接船时，俄方又借故扣留轮船 13 只，经反复交涉才发还。但已耽误营业时间数月之久，加上俄币贬值，戊通公司开业一年即亏损 43 万余元，面临困境。1920 年 11 月，公司召开股东临时会议，决定请北洋政府将公司收归为国有。

北洋要员梁士诒、曹汝霖等与戊通公司关系密切，特派交通部金事张心澂前往调查，结论是"公共河流时牵涉外交，完全以商力支持，亦多困难"，要求政府在戊通增资。北洋政府遂于 1921 年春向戊通拨付官款 150 万元，使公司资本总额达到 200 万元。北洋政府还作出商股可获年息 6 厘的承诺。从此，戊通公司变为北洋交通系直接控制的官商合办企业。

戊通公司营运航线遍及黑龙江、松花江、嫩江、乌苏里江和额尔古纳河，以松花江干流航线和连接松、黑两江的哈尔滨——漠河航线为主要航线。同时大力开辟中国、苏俄界河航线，1918 年 7 月派"金山"轮驶往黑河，1919 年 6 月又派"铜山"轮试航漠河，后又相继经营乌苏里江、额尔古纳河两条界河航线，上述界河航线总长约 2300 余公里。戊通公司鼎盛时期共有航线 9 条，总长 5500 公里，轮船 2.5 万余总吨，大小码头 142 个，港湾设施总值 330 余万元，年运量约 15 万吨，是黑龙江水系最大的民族航运企业。

但是，戊通公司由于外受北洋交通系政客的严密控制，内部冗员充斥，舞弊成风，管理不善，加上涉外纠纷甚多，致使公司连续多年亏损。至 1923 年累计结亏 583 万元。后又惨淡经营两年，到 1925 年 9 月，经股东会议议决，戊通公司改组为东北航务局，从此成为完全官办企业。

中外航业两设"江轮公票局"

长江中外航运企业原以太古、怡和、招商三公司实力最强。自 1907 年日清公司组建后，力量对比发生新的变化。

1912 年，三公司重议齐价合同，怡和、太古为壮大外资航业阵容，将日清公司强行拉进齐价合同的活动圈子，三公司从此变成了四公司。在讨论四家公司所占生意份额等问题时，招商局处境更加不利。经过激烈的讨价还价，结果日清占 23%，剩余 77% 再作 100% 分配，其中招商局占 38%，太古、怡和各占 31%。招商局在总份额中实际只占 29%，与外国公司所占 71% 相比，仍然居于劣势。

第一次世界大战期间，列强纷纷把在中国海域活动的船只撤回本土，而长江航线的情况略有不同。由于内河船舶一般不宜在海洋航行，故长江各口进出外籍船只的艘次与吨位并未衰减，仅增长速度有所放慢，1918 年与 1913 年相比，外籍船舶进出口总吨位增长不足 5%，低于同期华商船舶的增长速度。中国民族航运业获得一次难得的发展机遇，宁绍、政记、宝华、三北、鸿安等公司纷纷派轮进入长江。招商局更是趁机在长江增加运力，1914 年达 18704 总吨，1918 年增至 19625 总吨，分别比 1911 年增长 110% 和 121%。招商、宁绍、鸿安与外资太古、怡和、日清被并称为六大江轮公司，形成了中外航业之间 3 比 3 的竞争态势，外国航业不得不有所收敛。1915 年中国举国抵制日货，给日本航业的经营与信誉以沉重打击。英国因大量船只抽回国内，在长江的实力也有所减弱。英、日两国对长江航运的垄断有所削弱，轮船公票局便由此而产生。

所谓公票局，是指多家航运公司实行集中售票、按比例分配运费收入的一种协调机构。设置公票局的直接目的是减少因自杀性竞争造成的经济损失。招商局最早筹议其事。1914 年夏，该局董事、上海商人谢衡窗和股东高子白、赵菊椒、赵林士等集资 10 万元，正式发起组织普益江轮公票局，六大江轮公司均应允参加，并一致议决，公票局实行统一票价、统一售票、统一餐务、统一稽查制度，盈亏概由公票局承担。7 月1 日，普益江轮公票局挂牌营业，在上海设总局，汉口设副局，长江各埠设支局。公票局董事会由上述六大公司负责人及各江轮的坐舱（买办）组成，招商局股东王慎元、顾南浦分任经理与协理，主持公票局日常工作。普益公票局的设立，第一次实现了中外航业在平等互惠基础上的合作。

外资航业不甘心同中国航业平起平坐，蓄意破坏统一运价。3月，太古公司"武昌"号船主公然声称他们将循"沪汉旅客之请"，将各埠客票降价出售。普益公票局只好将同一航线的"隆利"号等三艘轮船的票价减半出售，造成亏损3万余元。

为挽回败局，普益公票局应股东要求进行了改组，改称江轮公票局，继续对外经营。但由于开支浩大，加上外轮压价竞争，江轮公票局仅维持三个月便将所有资本全部亏尽，被迫宣告停业解散。

此后，各公大多以降低票价来兜揽乘客，申汉线统舱票价竟至8角，远不敷成本，各轮均发生严重亏损。为维持正常营运，六大公司于1915年冬公推尤森庭出面重组公票局。1916年1月1日，长江轮船公票局正式开业，所需各项费用由各公司筹集，每轮一股，计1000元，局中盈亏照股分摊。公票局原拟设立董事会，由招商、太古、怡和、日清各推二人，鸿安、宁绍各推一人组成，凡重大事项均由董事会或股东大会议决。但因中外公司对此分歧甚大，乃改变管理体制，推选招商局坐舱孙铁舟与尤森庭分任公票局第一任会长与经理，一切局务均由会长、经理商办。后因孙铁舟脱离招商局，股东重推该局坐舱袁仲慰为第二任会长。1918年，尤森庭辞去经理职务，各股东公举董芝初继任。显然，招商局实际上主持了长江轮船公票局的日常事务。

长江轮船公票局经营状况较为正常，招商局赢利较多，怡和公司次之，宁绍、鸿安两公司大体持平，日清、太古两公司则稍有亏损。

欧战期间，中外航业经协商两次组建公票局，均由招商局充当盟主。这是中国航业在同外国航业的抗衡斗争中取得的重大胜利。

 8 一条小火轮起家的民生公司

自20世纪初川江轮船公司成立后，航运一时成为最时髦的事业，1908年至1930年间，川江相继出现轮船公司约60家，但多数经营者并不熟悉航运业务，而当时四川经济整体发展水平较低，加上社会长期动荡，军阀混战不已，严重阻碍新式交通运输业的发展。在外商的强大竞争压力下，华商航业的生存极为艰难，大都开业未久即告歇业。唯有民生公司异军突起，靠一条小火轮起家，迅速发展为川江实力最雄厚的民营航运公司，也是近代中国规模最大的民族资本航运企业。

1925年10月11日，爱国实业家卢作孚在四川合川发起筹建民生实业股份有限公司，拟先筹集股金5万元，订购一只小轮和一套小型柴油机组，由卢作孚等两人前往上海办理此事。

卢作孚等对上海12家船厂进行考察、分析、比较后，决定在合兴船厂订造一艘浅水小客轮，长22.86米，宽4.27米，深1.52米，70.6吨，配有2台功率各 56 马力的德国造柴油发动机，时速 14.8 公里，造价 2.45 万两，约合银元 3.5 万元。但当时从合川汇往上海的款项仅 8000 余元，卢作孚经慎重考虑后，遂毅然决定用 5000 元购买一套小型发电机组，而以余款作为造船定金，其余船款待回川后再设法募集。幸得前合川县知事郑东琴从宦囊中大胆借了几千元，合川县教育局局长陈伯遵也冒着风险从教育经费中挪借了七八千元，才得以如期付清造船用款。1926 年 5 月，这条小轮竣工，被命名为"民生"轮，是民生公司的第一条轮船。

"民生"轮经长途航行驶抵宜昌后，恰逢多年未遇的洪水，小轮无法上驶穿越三峡。为了昭信于合川绅民，在洪水稍退时，卢作孚命大领江向银寿驾引"民生"轮逆江而上，闯过无数急流险滩，于 8 月 30 日驶抵合川码头。当地居民倾城而出，热烈欢迎驶入嘉陵江的第一艘中国轮船。

由于川江货运竞争空前激烈，民生公司决定采取"避实就虚"方针，不与同行竞争，坚持客运为主，安排"民生"轮经营嘉陵江短途航线，隔日往来于重庆、合川之间，水路行程 96 公里，下水半天可达重庆，上水一天也可抵合川，安全省时，行旅称便，每航次均告客满。合川绅商见其营业兴旺，纷纷缴纳认购款项，民生公司在短短两三个月内便完成了 5 万元的集资计划。

同年 11 月，民生公司派"民生"轮首航涪陵，开辟渝涪航线。"民生"轮开航 5 个月后结算，股息红利竟达25%。股东因此对增资购船的热情骤增，在1927年夏公司决定增股5万元时，股东认股踊跃，不到两个月便缴纳股金7.3万元，超过原定增资计划的46%。民生公司续添"民用"、"民望"两轮，并妥善安排船期，使重庆、合川、涪陵三地每天都有船只到发，船舶营运效率和公司经济效益均显著提高。

民生公司在牢固占领短途航线后，又大举向川江干流发展。由于川江上从事省际运输的中外公司达20余家，船多货少，竞争异常激烈。外资航业基本垄断了川江航运，华轮公司处境艰难，面临破产或被外商吞并的危险。为挽回四川航权，振兴民族航业，卢作孚力主将川江航运界"统一为一个，或为全部的联合"，集中人力、财力，化零为整，合并经营。这一主张得到四川善后督办刘湘的全力支持和地方其他军政要员的赞赏。

1929年8月，卢作孚出任川江航务管理处处长，为民生公司统一川江航业迈出了极其重要的一步。卢上任后，办了几件令航业界振奋的事情。一是要求军事机关征用商轮时必须给煤费，运兵时须让轮船公司在船舱下面装货；军人搭船必须购票。二是要求所有进出重庆港的中外轮船，必须向川江航务管理处结关，经该处士兵上船检查后，才能上下乘客和装卸货物。三是规定轮船装运客货，由中外航商协商收费标准，不得任意抬价或杀价。由于得到刘湘的支持或默许，在广大华商以及码头工人的密切配合下，卢作孚所办的这几件事均大获成功。

统一川江航业主要是实施"化零为整"策略，即展开为民生公司为中心的兼并活动，将一些亏损严重、负债累累的华商小轮公司归并于民生旗帜之下。民生公司为此采取了一些较为宽厚的办法，解除了川江航运界的疑虑。1930年10月，福川公司率先将"福全"轮折价并入民生公司（更名"民福"），福川得到部分现金以偿还历年积欠和为股东发红利、股息，一部分作为加入民生公司的股金，人员亦由民生公司全部接纳并得到妥善安排。由于措施得当和得到官方支持，民生公司统一川江进展相当顺利。1931年，共兼并渝叙线的九江、通江、协同等7家公司，增加船只10艘，计1838总吨，另有趸船1艘。至此，民生公司拥有营运船舶12艘，2000余总吨，职工500余人，重庆以上川江华商航运企业（除合众一家外），已基本统一于民生公司旗帜下。

1932年，民生公司将兼并的目标转向川江下游，收并对象既包括华资商轮，也包括军阀经营的轮船和一些外籍公司。一年共兼并华商轮船公司6家，英籍轮船公司1家，接收轮船10艘，其中吨位最大的是"民贵"轮（986吨）。到年底，民生公司已拥有轮船20艘，6840总吨，职工1000余人，航线已从川江延伸至长江中、下游。

1933年至1935年，民生公司再度推进统一川江的步伐，兼并了5家华商轮船公司，收购了美商捷江公司的7艘轮船和码头设备，打捞并出资购买了英商太古公司的"万流"轮（1198吨）。截至1936

年底，民生公司先后兼并中外公司 24 家，大小轮船 44 艘，其中华轮 29 艘，外轮 15 艘，加上自有船只，民生公司已拥有一支由 47 艘船舶（20409 总吨）组成的商业船队，航线增至 9 条，在沿江各大埠设有分支机构和码头设施。资产总额达 988.23 万元，比初创资本增长 127 倍。其运力在川省短途航线上已占绝对优势，在渝万、汉宜线也超过外轮运力总和而居统治地位。民生公司不仅成为川江最大航运企业，在长江中下游亦可与国营招商局及外资航业并驾齐驱。

9 招商局从商办到改归国营

在辛亥革命的直接影响和推动下，原实行官督商办体制的招商局于 1912 年正式确立商办体制，局名由轮船招商局改为商办招商局轮船公司，后又称商办轮船招商有限公司，实行董事会领导下的经理负责制。欧战期间，轮运业务一度出现过短暂繁荣，1914～1918 年增收运费达 461 万余两。但由于国内政局长期动荡和局务管理严重混乱，海难频发，航行受阻，经济竭蹶，债台高筑，招商局错失发展良机。到商办后期，局内外各种矛盾更加激化，派系势力纷争不已，舞弊之风愈演愈烈。特别是局轮被军阀频繁征用，更把招商局推向绝境。经多方奔走呼号均无效果，招商局遂于 1926 年 12 月 8 日宣布全线停航。

1927 年，蒋介石在南京建立国民政府，将招商局视为攘夺的重要目标，委杨铨（杏佛）等到招商局"接收局务"，因遭拒未果。4 月底，国民党中央执行委员会第 85 次会议议决，成立以张静江等 11 人为委员的"国民政府清查整理招商局委员会"，对该局账目进行清查并制订了局务整理方案。11 月，国民政府设立招商局监督办公处，设监督、总办各一人，分别由交通部长王伯群、参事赵铁桥担任。赵力主将招商局收归国有，与该局董事会会长李国杰（李鸿章之孙）为代表的旧式官僚买办集团的矛盾加剧，赵于 1930 年遇刺身亡。此后，招商局体制又几次变化，1932 年划归交通部管辖，性质为"民有国营"，重设监督处，交通部次长陈孚木兼任监督，李国杰任董事长兼总经理。未久，李擅自同美商中国营业公司签署高达 2000 万两的借款合同，涉嫌贪污被国民政府逮捕下狱，李氏家族在招商局沿袭数十年的统治至此终结。

1932 年 11 月 8 日，行政院第 75 次会议决定将招商局收归国营。11 月 15 日，国民政府正式颁布招商局收归国营令，撤销董事会和监督处，成立理事会和监事会，物色了一批在政界、工商界和黑社会中有影响的人物，如叶琢堂、史量才、张嘉璈、杜月笙、虞洽卿、黄金荣等担任理事和监事，并将局名更名为国营招商局，拨款 212 万两，收回招商局全部股票。招商局从此进入国营时期。

国民政府在遴选总经理时颇费心机，经过多方挑选，最后决定由著名实业家刘鸿生任此职。刘经济实力雄厚，在工商界深孚众望，与宋子文又是圣约翰大学校友，是宋所物色的招商局总经理的理想人选。11月11日，刘鸿生宣誓就职。

刘鸿生以满腔热忱，决心革除招商局种种积弊，他还表示将义务任职，不支薪水，他的言行博得舆论界广泛好评。刘入局后，在机构设置、人事制度、经营管理等方面进行了一系列卓有成效的改革，既雷厉风行，又缜密周到。他在改革中表现出的过人胆识和卓越才能，深为各界人士所推崇，但也遭到一些人的忌恨。内部顽固势力的抵制，某些军政大员的非难，黑社会势力的威胁，特别是国民党政府的掣肘，使刘鸿生举步维艰。

刘鸿生提出的整理计划大都成了泡影，局中经济形势越来越险恶，从1933年起，营业年年出现巨额亏损。1936年春，交通部改组，俞飞鹏任部长，一些好事者趁机进谗言。刘鸿生知来者不善，遂提出辞呈。2月4日，行政院准其辞职。刘鸿生在招商局推行的改革以失败告终。

招商局几十年虽历经坎坷，但仍然取得了巨大进展。到20世纪30年代中期，已建成一支蔚为壮观的商业船队，各类船舶84艘，8.6万总吨，其中江海大轮29艘，近7万总吨，经营长江、南洋、北洋12条航线及菲律宾等外洋航线，营运规模日渐恢宏。30年代中期，中国船只艘数、总吨已分别占中外船只总数的64%和52%。招商局的实力已超过怡和洋行、日清汽船会社等外国大公司，仅次于英商太古公司。在中国航业中，招商局更牢固地保持了中枢地位，船舶总吨位分别相当于两家最大民营航运企业政记轮船公司、三北公司的 2.1 倍和 2.7 倍，或相当于中威、华新、鸿安、民生等公司的 6～9.5 倍。

尽管招商局改归国营后对民营航业的压制随之加重，它自身的矛盾和纠葛也复杂纷繁，但在当时的历史条件下，改归国营后使招商局有足够实力同外国航业相抗衡。在民族危机日臻严重的 20 世纪 30 年代，招商局成为中国航业的中坚力量。

10　黄浦江航道的治理

整治黄浦江是中国近代规模最大、历时最长、耗资最多、效益最好的航道治理工程。

上海开埠后，通过黄浦江进出上海港的船舶不断增多，单船吨位越来越大。开埠初期，进出港的外国船舶平均吨位约 300 吨，吃水一般在 10 英尺以内。到 19 世纪 50 年代，平均吨位为 1000 吨，吃水达 12 英尺以上。60 年代之后平均吨位达 2300 吨，吃水增至 16～17 英尺。到 80 年代，单船平均吨位达 4000 吨，吃水加深到 20 英尺以上。而黄浦江河道受潮水影响较大，因泥沙淤积逐渐变浅，行轮严重受阻。

从 19 世纪 60 年代开始，外商及各国驻沪领事一再提出疏浚黄浦江的要求。1863 年，上海的外国轮船公司联名要求总税务司赫德敦促清政府疏浚黄浦江航道，遭到清廷拒绝。1864 年，英国驻沪领事向上海道提出疏浚吴淞口至上海之间河道的要求。1870 年至 1879 年间，上海领事团、上海外国总商会和各洋行，多次向有关当局提出类似要求。在强大压力下，清政府于 1882 年耗资 2.3 万英镑向英国购买第一条自航链斗式小型挖泥船"安定"号，挖泥效率为 150 立方米/小时。1883 年 5 月 9 日，"安定"号在吴淞口内沙航道试挖，效果不佳。

1889 年，上海道获准购买 400 马力拖轮"开通"号和 400 吨级开底泥驳 4 艘，并将"安定"号重新修整，组成了一支粗具规模的挖泥船队，聘英国人法爱佛为开挖督办，于 1889 年 5 月至 1891 年 9 月开挖吴淞内沙水道。工程历时两年多，共挖泥 15 万立方米。因该航段受潮汐影响甚大，随挖随淤，经 1890 年测算水深仅增加 2 尺多，整个工程遂于 1891 年秋完全停止。

19 世纪末，进出黄浦江的大吨位远洋轮船进一步增多，对航道水深提出了更高要求，而吴淞内沙、外沙水深严重不足。1893 年 3 月，上海外籍港务长致税务司函中指出："吴淞内沙的水深减浅，大型外洋轮进口要在吴淞卸下部分货物。"1901 年上海海关"贸易报告"强调："吴淞外沙稳步淤积，在本年度末，外沙较内沙仅略深一英尺。"报告认为，这是"黄浦江最严重的问题"。在外国人的压力下，1901 年《辛丑条约》写入了与义和团运动毫无关系的有关疏浚黄浦江的条款，规定"设立黄浦河道局，经营整理改善水道各工"。在英、荷等国的干预下，南洋大臣于 1905 年聘荷兰人奈格为河道局技术顾问、总营造司（即总工程师），实际主持黄浦江疏浚事宜。

1905 年 12 月 26 日，黄浦河道局（即浚浦河道总局）在上海正式成立。根据奈格制订的有关方案，黄浦河道局对吴淞内外沙进行了为期 4 年有系统的治理，变单纯疏浚为疏导结合，1905 年至 1910 年先后完成三项主要工程：1906 年制定浚浦线，作为低水位时河身宽度的标准；1907 年至 1910 年在吴淞口外建造堤坝导疏冲沙；1907 年至 1909 年开辟高桥新航道，封闭老航道，使江水两支归一，以利刷深单一河航。上述工程虽初获成效，但工程中的偷工诈骗行为相当严重，靡费巨大，其中荷兰东亚疏浚公司在承包工程时的诈骗行为最为恶劣。这就大大影响了整个治理工程的进度和造价，1906 年至 1910 年累计用去规银 909.1 万两（含借款利息），相当于花掉原计划 20 年整治工程的经费。清政府无力支撑，遂于 1910 年撤销黄浦河道局，改设善后养工局，系过渡性临时机构。

民国初立，商务日盛，疏浚黄浦江更显急迫。1912 年 4 月，中国政府颁发《办理浚浦局章程》，同年 5 月在上海成立"黄浦江河道局"（即上海浚浦局），局务仍由总工程师负责，第一位总工程师为瑞典人海德生，浚浦大权仍掌握在外国人手中。浚浦经费主要来自海关代征的浚浦税和出售黄浦滩地的收入。因浚浦税年有增长，遂以余资购买工程船舶，延聘技术人员。主要采用导治和挖泥相结合的办法改善航道水深，工程进展顺利，1912 年至 1920 年共挖河泥 600

余万立方米，黄浦江航行条件大为改善。1921年美国4万吨级邮船靠泊上海华栈码头成功，是黄浦江成为优良海轮航道的重要标志。

在此期间，上海浚浦局对位于长江口南水道的铜沙浅滩进行了疏浚。1933年，向德国定造自航耙吸式挖泥船"建设"号与"复兴"号。其中"建设"号长109.8米，宽18米，4699总吨，推进机、挖泥机功率各2500马力，航速12公里/小时，挖泥能力1911立方米/小时，为当时远东最大挖泥船。1935年5月，在神滩试车，挖泥22.9万立方米。7月正式开挖，至1937年7月，两年共挖泥789.3万立方米。八一三事变后，工程停止。"复兴"号则于1938年被炸沉。

治理黄浦江历时30余年（1905～1937），由于中外工程技术人员和航道工人的共同努力，采用先进设计方案与施工技术，共挖泥4805万立方米，航道状况获明显改善，最低潮位时水深由1912年的19英尺（5.8米）增至1936年的26英尺（7.9米），对大轮进出十分有利，这是上海港迅速发展为国际贸易大港的重要条件。

 17　沿海船厂的创办

鸦片战争后，出入中国口岸的外国船舰日渐增多，为适应这些船舰检修的需要，外商经营的修造船厂应运而生。

19世纪40年代，外商率先在广州黄埔创办修造船厂。1843 年，苏格兰人柯拜将从中国人手中租得的几座泥坞改造成新船坞，命名为"柯拜船坞"。这是外国人最早在中国兴建的船坞，长 92 米，宽 23 米，可进入吃水 5.2 米的船舶，并以花岗石建成供新船下水使用的滑道。1856 年，柯拜船厂毁于战火。战后，该厂获赔款 12 万元，由柯拜之子重建船厂，1863 年建成石坞一座，长 168 米，宽 21.4 米，深 5.2 米，可供两艘轮船同时入坞；另有木坞一座、泥坞两座。1863 年，柯拜船厂售予同年创办的香港黄埔船坞公司。

柯拜船厂兴建未久，美商旗记船厂、英商于仁船坞分别于 1850 年、1853 年在黄埔创办，共有船坞 7座，可修理中外帆船、英法两国邮船、汽船等。

19 世纪 60 年代，香港和黄埔地区修造船业进一步发展。早在 1843 年，苏格兰人揽文在香港阿白丁建成香港第一座船坞。1857 年，揽文又参资兴建何伯船坞。1863 年，上述两船坞和柯拜船厂均被香港的黄埔船坞公司兼并。1866 年，黄埔船坞公司在香港注册，为华南地区最大修造船企业，仅在黄埔地区即有船坞 5 座。

1863 年和 1867 年，黄埔地区又分别出现了由英商创办的高阿船厂和福格森船厂。后又创办了洛克森船厂。整个 19 世纪 60 年代，黄埔始终是华南地区船舶修造业的中心，共有船厂 6 座，商业竞争异常激烈，香港黄埔船坞公司在击败旗记、洛克森两家船厂之后，又兼并于仁、高阿、福格森三家船厂，从此垄断了黄埔地区修造船业务，共有船坞 12 座。到 1873 年，该公司放弃在黄埔的修造船业务，将在黄埔的财产作价 8

万元卖给两广总督刘坤一，把业务中心转往香港九龙。到 20 世纪 20 年代，黄埔公司在香港已拥有船坞 9 座，最大船坞长 214 米，宽 26.8 米，深 9.3 米，可供万吨级船舶入坞修理。此外，香港地区较大的船厂还有太古船厂和海军船坞等。

从 19 世纪 50 年代开始，外商经营的修造船厂逐渐北移，先后在厦门、福州兴办了一批船厂。上海逐步成为新的修造船业务中心，规模最大者为外商祥生、耶松两家船厂合并成立的耶松公司。

1862 年，英商尼柯逊和包义德集资 10 万两在上海创办祥生船厂，初创时设施简陋，仅在江边挖个空槽作为泥坞，后将船坞扩大，并安装了各种机炉。19 世纪 70 年代，祥生兼并虹口新船坞和浦东炼铁机器厂，规模日渐扩大，雇佣工人 1000～1400 人。80 年代新建 137 米长的新船坞，并添置大批机器设备。1891 年改组为祥生船厂股份有限公司，资本增至 80 万两，营业利润丰厚，1895～1900 年平均利润率达 22.3%。

耶松船厂开办时间比祥生船厂晚两年，系美国商人佛南于 1864 年挟资 10 万两在上海创办。后因英国资金的大量加入，耶松逐渐变成一家英资专业船坞公司。19 世纪 70 年代，耶松控制了上海船坞公司和浦东船坞公司，80 年代将所收购的哥立尔、兰巴等小船厂进行扩建和技术改造，成为上海拥有船坞最多、实力最强的修造船厂，雇佣工人约 2000 人。1892 年改组为耶松船厂有限公司，资本增至 75 万两，1892～1899 年的 8 年间，耶松付给股东的股息比资本总额还要多出

10%以上。

　　祥生、耶松两大船厂为了巩固在造船界的垄断地位，于1891年3月合组成耶松船厂公司，资本557万两，拥有杨树浦、董家渡、和丰、引翔港、耶松等6个大船坞，总长872米，宽19～23.4米，深3.4～7.9米，另有机器制造厂和码头、仓库等设施，可修理3000吨以上级船舶。1906年，公司整顿财务，重新注册，更名为耶松有限公司，资本714万两，居上海中外造船厂之首。1937年抗战爆发后，耶松公司被迫歇业。

　　中国自办的近代最大造船企业是设于上海的江南造船厂，其前身是江南机器制造总局所属的船厂。

　　江南制造局是清末官办军事工业之一，系曾国藩、李鸿章于1865年创办，李氏经奏准购买设于上海虹口的美商旗记铁工厂，又将丁日昌、韩殿甲所办的两个制炮局归并，未久曾国藩派容闳赴美国采购机器设备，扩充该局。1867年制造局迁往高昌庙镇后，成为清末最大的军工与造船企业，1868年开辟第一条泥坞，同年8月制造出中国第一艘兵船"惠吉"号。但因体制僵化，造船成绩甚微，且靡费惊人，清政府遂于1885年下令停止造船。其间，共造船艇15艘，总排水量1.05万吨。

　　1905年，经两江总督周馥奏准，江南制造局实行局坞分立，造船部分改称江南船坞，辛亥革命后更名江南造船所，其实力与耶松等外资船厂不相上下。从局坞分立的1905年到1926年，江南造船所共造船505

艘，总排水量16.5万吨，为发展我国民族造船工业作出了重要贡献。

12 江海航标的设置

航标是船舶航行的标志，在本国领水内设置和管理航标本系国家的重要主权，但中国近代这一权力都落在外国人控制的海关手中。

早在五口通商之前，航行于中国沿海的外国船舶已开始私测航道，绘制海图，并私立航标。上海开埠后，进出吴淞口、黄浦江的外籍船只不断增多。1846年，外国领事和商人向苏松太分巡道（简称上海道）宫慕久要求在长江口铜沙设立灯船，并在其他浅滩处设立浮标或石桩。宫慕久遂拨款设置灯船及其他引船标志，但设施简陋，不能满足行轮要求。在外商压力下，宫慕久于1847年拨款在长江口南、北两岸各设标桩一具，全部工程由英国人罗伯逊和巴夏礼监造，这是长江口第一次设立新式助航标志。1855年底，上海道吴健彰采纳美国领事的建议，饬令外籍税务司筹款购置灯船"柯普登爵士"号，由美国船长泼赖勃尔指挥，泊于长江口铜沙西南浅滩处，时称"铜沙灯船"，是长江口第一只新式灯船。1856年，长江口南岸新建砖塔一座，以指示船舶白天航行。1857年，英国海军在长江口外大戢山至吴淞之间设置铁质梭形浮筒8具，吴淞内沙设浮筒工具。1858年，在吴淞内沙设置标船两艘，分别漆涂红、白二色，并悬红、白二色旗帜，以指示船舶绕避浅滩。

1858 年，中英签订的《天津条约》第 32 款规定：
"通商各口分设浮桩、号船、塔表、望楼，由领事官与
地方官员会同酌视建造。"1865 年，清政府将通商各口
岸所征外国船只吨税的 1/10 用于航标建设，1868 年，
将此项经费提高为外国船舶吨税的 7/10。1877 年，进
出中国口岸中外船舶所缴吨税的 7/10 均拨充航标建设
之用。于是，江海各海关纷纷建起航标等助航设施。

在总税务司赫德策划下，海务司于 1868 年成立，
航标、灯塔等助航设施均归其管理。海务司下设南、
中、北三区段，各区段总部分设于烟台、上海、福州，
每一区段设巡灯司以管理航标等事宜。

1864 年，长江口开始建造灯塔。同年 12 月，在长
江口南岸原建砖塔的基础上，改建成长江口第一座灯
塔——"九段灯塔"。1865 年，在吴淞口左岸教场尖
嘴沙设置灯标，后改建为灯塔，人称"吴淞灯塔"。
1869 年，建成大戢山灯塔。1870 年、1871 年分别建成
花岛山灯塔、佘山灯塔。1872 年修建吴淞灯塔。截至
1900 年，黄浦江内的浮桩已达 39 具。

广州港（包括珠江口至黄埔外港、广州内港水域）
在 19 世纪 70 年代末至 80 年代初共设置灯塔、灯标、
灯桩 37 座。

天津开埠之初曾在港域外缘设置灯塔。1866 年建
成曹妃甸灯桩。1878 年将一艘旧趸船改装为灯船，即
大沽灯船。

宁波港先后于 1865 年、1872 年、1907 年各建成

一座灯塔。

长江中下游设置助航设施始于 19 世纪 60 年代初。1861 年，江海关将一艘旧帆船改造为灯船，泊于通州下游，被称为"狼山水道灯船"，这是长江下游第一只灯船。1867 年，镇江关利用所征船钞，在其辖区江阴至芜湖段设立航标 7 具，先在各处分泊桅船一艘，后将 7 具标志均改为岸杆，标杆高约 4～6 丈，悬置六等透镜光长明灯，晴夜灯火可照 21 华里。1868 年，镇江关又在通州龚家圩北岸设立岸杆 1 座。1869 年，江汉关在黄冈县七矶洪西角设置一艘单桅灯船。1870 年，九江关在其辖区设立岸杆 10 座，其制式与镇江关辖区岸杆大体一致。1871 年，江汉关在兴国州、黄冈县等 4 处共设置灯杆 1 具和灯船 3 艘。此后两年，江汉关又在辖区内增设标志 4 具。

据海关统计，截至 1872 年，长江中下游（吴淞以下未计）共设灯标 27 具，航标制式和标灯也有较大改进。但 19 世纪 80 年代至 90 年代，由于诸多因素影响，航标设置数量较少。到 20 世纪初，随着轮运业的发展，航标设置再次出现高潮。1901 年，岳州关在金口镇设置高低杆各 1 架，为汉口以上长江干流设置近代标杆之嚆矢。1903 年，海关购置第一艘航标工作船"红星"号，常驻九江，专作巡查沿江标灯之用。1907 年，岳州关在沅江口白沙塘庙设标杆一座，为长江中游支流航道设置近代航标之始。到年底，洞庭湖区共设立浮标 18 座。1908 年，湘江开始设置航标。同年，长江城陵矶至宜昌航段也设置了简易竹浮标。

川江设置标杆始于 1915 年。8 月 17 日，在丰都佛面滩设警船桩 1 架，在兰竹坝设警号标杆 1 支，在狐滩右岸设标杆信号台 1 座。到 1918 年底，川江宜渝段共设助航标志 20 处，其中标杆信号台 6 座，标志旗 14 处。

到 1937 年，长江上共有各类助航设施 733 具，为保证船舶安全航行起了重要作用。

上述江海航标均由外国人控制的海关设置和管理。直到 1943 年，航标管理权才被收回。

13 航政体系的形成与
航政管理的加强

航政管理部门是代表国家行使水上交通安全监督的行政管理机关，是督促港航单位及有关人员执行国家颁发的港航安全、船舶技术等法规的执法机关。航政管理权本系国家重要主权，而近代中国自 1858 年起，航政却由外国人控制的海关兼理，延续达数十年之久。至 1905 年，清廷试行"新政"，翌年 10 月设邮传部，管理轮船、铁道、邮政、电政四政。1907 年 6 月，邮传部设船政等五司，其中船政司"掌全国船政，举凡内港外海各江航业，所有测量沙线，推广埠头，建设公司，营辟船坞，以及审议运货、保险、检查灯台浮标各事，凡有关船政者胥掌焉"。

清政府虽设专司管理航政，并于 1906 年 4 月设税务处以统辖海关，但外国人通过海关把持航政管理的局面毫无改观，各埠理船厅同税务处的职责权限亦未划分，航政司实际上无法对水上交通实施管理。1909年，清政府明令理船厅划归邮传部管辖，外籍总税务司仍寻找种种借口，拒不交出航政管理权。

民国初立，航政体制略有变动。1912年4月，北洋政府改邮传部为交通部，下设邮电股主管航政事务。7月设船政司，下设总务、航务、航业、港务四科。后几经变动，1916年8月重设航政司，其职掌为管理航路、航路标志和监督造船、船舶、船员、水上运输等事宜，但航政实权仍为外籍税务司控制的海关所把持。交通部以及社会舆论多次要求收回理船厅的事权，提出在江海各大埠设立航政管理局，税务司均借故推宕。迭经交涉，延至北洋政府终结，航政管理权仍未收回。

1927年，南京国民政府成立。其时，挽回航权的呼声再度高涨。在巨大舆论压力下，国民政府决定成立航政局，隶属于交通部。1929年6月，国民政府通过海政、航政分别由海军部、交通部管理的议案。7月，交通部提出关于海关兼管航政的移交接收大纲，财政部原则上表示赞成。有关航政事宜遂由航政局、海关分治。海关兼理航政的局面有了初步改变。

1930年12月15日，国民政府公布《交通部航政局组织法》，其职责为：船舶检验与丈量、载线标志、船舶登记发照、船员与引水员的考核监督、造船、船舶出入查验证的核发、航道疏浚、航路标志的监督等八项。该"组织法"同时规定，小型船舶（200吨以下）不属其管辖范围。从此，由交通部航政局主管、海关兼管、地方航政机构分管的航政管理体系初步形成。

1931 年 6 月，经行政院批准，交通部设上海、汉口、广州、天津、东北 5 个航政局，接管由海关兼理的部分航政职权。7 月，上海、汉口等航政局正式成立，并在各自辖区内设立了一批办事处或登记所。一个隶属于中央交通部的航政系统从此建立。

航政法规是航政机构履行职责的依据。国民政府在建立航政管理系统的同时，着手进行全面立法统一法制，并在北洋政府 1914 年至 1924 年期间所颁行各项航政法规的基础上，从 1927 年起拟订、修订、颁行一系列法规，如《轮船注册给照章程》（1927 年）、《海商法》（1929 年）、《船舶法》、《船舶登记法》（1930年）、《船舶载重线法》（1931 年）、《商港条例》（1934年）、《船员检定章程》（1935 年）、《轮船业监督章程》（1936 年），共约 20 余部。这些法律、章程、条例的颁发施行，逐步把航政管理纳入了规范化、法制化轨道，对保障航行安全、维护航行秩序起了积极作用。

交通部一面制定各项航政法规，一面组织各航政局具体实施管理，对轮船业进行登记、注册，并规定船员必须考试合格方可发证。1931 年至 1935 年，共发给船员证书 1166 份，计驾驶员 486 人，其中船长 172人，大副 139 人，二副 132 人，三副 43 人，轮机员680 人，其中轮机长 204 人，大管轮 145 人，二管轮176 人，三管轮 155 人。

在中央所属航政系统日臻完善的同时，各省、市也先后建立起地方航政机构，实行分管、分治。各地航政机构建制各异，如湖北、四川、湖南、江苏、浙江等省，或设航政司，或设交通局、航政局、航务处，业务范围大致相同，各自在辖区内履行职责，对加强地方木船、小轮管理，实施航行安全监督均起过重要作用。但这种分散管理弊端极多，政出多门，职掌难分，有利益时互相争夺，遇问题时彼此推诿，航商啧有怨言。

国民政府为统一航政管理，于 1933 年 1 月明令一省只设一个航政机构，"非商务繁盛及船舶荟萃之区，则予裁撤"。如江苏省仅保留省府所在地的镇江船舶登记所，其他航政机构一律裁撤。为加强船舶港籍管理，同年 6 月，国民政府交通部颁布《全国各船籍港名称疆界表》，对船舶港籍作了划分。

与此同时，航政局为维护国家主权，曾支持中国船员接任离职外籍船员的职务。如 1935 年，北方航业公司在"北孚"轮外籍大副他调后，仍以外籍大副接充，上海航政局拒绝为该公司结关，令其将外籍大副辞退，以中国人充任，北方航业公司只好照办。

航政机关对华商船舶及某些涉外事件的管理虽初见成效，但对外籍船舶的管理却举步维艰。当海关兼管的部分航政权移交给各航政局时，海关对中外船舶的检验丈量及港务管理等事权本应随之移交，但外国船舶却寻找借口，不肯到当地航政机关检丈、登记，并拒绝接受检查，各航政局虽多次就此逐级上报，但国民政府态度始终暧昧。如 1934 年 8 月，上海航政局曾就英国拖驳船检丈一事呈报交通部，交通部复电竟称：
"内河航行权未交涉收回以前，所有外籍船舶……由船
籍国本国主管机关所发之检丈证书，应予暂行承认。"

由于外国航商的阻挠反对，政府主管部门的软弱
无能，加上规章制度不尽完备，执法手段相当落后，
这一时期未能对外国船舶实施有效的监督管理。

 14 航海教育的发展

轮船运输的发展与航运技术的进步，要求海员特
别是中高级船员具有较高文化、技术素质。而中国第
一代海员大多来自破产农民或旧式船工，文化技术水
平较低。一些商轮公司只好"借材异域"，聘请外国人
担任船长、大副、轮机长等高级船员职务，引港员则
全部由外籍人士担任，致使主客易位、利权旁落。

为培养本国航海人才，浙闽总督左宗棠于1866年
奏请福州船政局附设航政学堂，并拟定章程八条。初
名为"求是堂艺局"，是中国最早开办的船政和海军学
校，因其归福州船政局直接管理，故又名福州船政学
堂；同时，因校址在福州马尾，故又被称为马尾船政
学堂。创办之初，曾借福州城内定光寺为校舍，未久
马尾新校舍落成。1867年1月6日正式开学，首届学
生60名。

1867年左宗棠调任陕甘总督后，沈葆桢、黎兆堂
相继担任总理船政大臣，均对培养航海人才十分重视。
1868年，福州船政学堂学生增至300人，学校分前后

学堂两部分，前学堂专司造船，后学堂学习管轮、驾驶，学习期限均为 5 年，分别聘请法、英两国教师任教。学校重视基础理论和外语教学，也注意培养学生的实际操作技能，1869 年后曾专门将"建成"、"扬威"两船作为练习船。学生曾登"扬威"号航行于中国沿海与日本横滨、长崎等地。同时，学校注重选派优秀学生出国深造。1877 年至 1903 年，共派出留学生 5 批计 73 人，赴英、法两国学习驾驶、制造、管轮等专业，学制分别为 3 年和 6 年。其中严复、萨镇冰、詹天佑、邓世昌、刘步蟾等人，或成为海军宿将，或为技术专家，均卓有建树。福州船政学堂从创办到 1911 年，共培养毕业生 600 余人。

1912 年民国成立，1913 年福州船政局改归海军部管辖，前、后学堂分别改名福州海军制造学校与福州海军学校（即马尾海军学校），两校所设专业不变。1926 年，福州海军制造学校归并于福州海军学校，1927 年改称海军学校。前学堂从创办至结束，历时 59 年，共毕业 8 批计 182 人。后学堂先后两次更改校名，1946 年并入青岛海军军官学校，共毕业学生 800 余名。

继福州船政学堂之后，天津水师学堂、黄埔水师学堂、江南水师学堂等 10 余所海军学校相继创办。到抗战前夕，上述海军学校共培养航海人才 2000 余人。

中国第一所商船学校是吴淞商船专科学校，其前身为南洋公学，系两江总督刘坤一于 1896 年春筹资兴办，每年由招商局、电报局捐助办学经费 10 万两。学校建于上海徐家汇，分师范、外院、中院、上院四院。1904年移归商部，改称高等实业学堂，1907年更名为邮传部高等学堂，为当时全国交通系统的最高学府。设路电、土木、航政三个专科。其规模与办学成绩均为东南各省之冠。

1911年，南洋公学监督唐文治将邮传部高等学堂的航政科分出，单独成立邮传部高等商船学堂，先借用南洋公学空房作校舍。1912年由张謇等资助在吴淞兴建的新校舍落成，吴淞商船学校正式开学，聘海军宿将萨镇冰为校长，设驾驶科，学制3年，专习驾驶及航海有关知识。前三届毕业学生共60余名。后因经费不足，学校于1915年停办，由海军部接管，改名吴淞海军学校。1921年海校又复停办。1928年经国民政府交通部批准，再度复校，命名为吴淞商船专科学校，分别开设驾驶、轮机两科，成为一所培养高级航海人才的正规学校。

1932年一·二八沪战爆发，因校舍被日军炸毁，吴淞商船专科学校被迫在上海租界内临时租屋上课，第二年春迁回原地。1930年至1937年期间，注册学生约1400人，但由于各种原因仅毕业140余人。抗战期间，校舍被夷为平地，该校迁往重庆，1939年借用招商局"江顺"轮作校舍，改称国立重庆商船专科学校。1943年5月，学校因闹学潮被勒令停办，员工与校产划归国立交通大学。因受战争影响，该校在渝4年，仅毕业学生52名。1946年，学校迁回上海，恢复原来校名，借用上海东长治路原雷士德学院为临时校舍，仍设轮机、航海两科。1950 年并入上海交通大学航海管理系。

自 1911 年至 1950 年的 40 年间，吴淞商船专科学校共毕业学生 1003 人，为中国航运界输送了大批专业人才。

航运企业集资办学或自办职业教育是培养航运专门人材的又一途径。招商局率先向教育部门投资或捐资。19 世纪 60 年代至 90 年代，清政府创办了一批新式学堂，招商局每年资助 2 万两。1896 年南洋公学创办后，招商局每年为其捐款 6 万两。1911 年吴淞商船学校正式开课，开办费 10 万两，常年经费 6 万两，招商局承担较大部分，仅 1911 年即为该校加拨经费 4 万两。1918 年 9 月，招商局独资创办的招商公学开学，设驾驶等专业，学生 156 人。1923 年，招商局创办航海专科学校，9 月 1 日开学，设天文、航海术、造船、装货方法、无线电收发、罗经差、操艇术、救急法等课程。该校曾将"华甲"舰作为练习船，准备作全球航行实习。1924 年 1 月 12 日该舰离沪，后因发生产权纠纷，该舰被北洋政府收编入海军渤海舰队，招商局航海专科学校遂停办。

1928 年 7 月，招商局成立航务员养成所（培训班），设船舶管理、栈房管理、海商法、中英公文程式等 10 余门课程。同年 10 月，招商公学改组，先设航海专修科，第二年增设轮机科，以便尽快培养航海急需人才。第一届学生 50 人，第二、三届各招三四十人，修业期限 3 年半，其中上课 2 年半，上船实习 1

年。1932 年一·二八事变后，招商公学航海专修科肄业生转入吴淞商船专科学校，到 1933 年这批学生毕业，招商公学航海专修科停办。

此外，民生公司等航运企业也积极开展职业教育，收到了较好成效。

四 日军疯狂犯我江海中国航业奋起抗敌

要塞沉船构筑防线

1937 年，日本发动八一三事变。当时，敌我力量悬殊，日本海军拥有各种军舰 302 艘，127.4 万总吨，而中国海军仅有舰船 53 艘，5.6 万总吨，分别相当于日军的 17.5% 和 4%，难以有效御敌。

为阻挡敌舰溯江西上，国民政府决定采取堵塞的办法，征用公私船舶沉于要塞，江中敷设水雷，以构筑江上封锁线。沪战爆发前的 8 月 11 日，国民政府军政部、海军司令部在海军部长陈绍宽主持下召开紧急会议，具体部署沪宁线布防事宜，决定征用部分船龄较老且不宜在内河行驶的船只沉于要塞。列席会议的上海轮船同业公会执委会主席沈仲毅迅速向各轮船公司作了传达。各航商深明民族大义，不计损失，慷慨应征。

江阴港邻近长江入海口，航道狭窄，地势险要，军事当局决定在此构筑长江第一道防线。在交通部门

130

协助下，军事机关从公私航业中征集了一批船只，令其火速驶往江阴黄山下游鹅鼻嘴一带集结。麇集江面的大小轮船共23艘，近4.4万总吨，其中招商局应征船只有"新铭"等7艘，1.37万总吨，三北、宁绍、肇兴、通裕等16家民营航业各1艘，共16艘，3.03万总吨。8月11日晚，陈绍宽率海军舰队驶赴江阴，督阵指挥。12日，"泰顺"、"醒狮"等20余艘商轮，与"德胜"、"武胜"等8艘舰艇，各自满载石块、废铁等重物，在江阴江面排成横阵，穿江而列，场面极为悲壮。12日晚，随着"通济"舰练习舰长严春华一声令下，各船（舰）长命水手打开船底阀门，江水大量涌入舱内，各轮慢慢沉入江底。13日晨，江面上只见到一些桅杆还在微微晃动。14日，当局宣布封锁江阴江面。由于江水流急，各船舰无法按预定要求横沉，相互间隙约有12米，难以阻挡敌舰通过。军事当局又将镇、皖、浔、汉、沙各埠没收的日商趸船8只陆续凿沉于江阴，并征用"泳吉"、"万宰"等3艘商轮，亦沉于江阴水道。9月25日，另调"海圻"、"海容"、"海琛"、"海筹"4舰，在江阴又构筑起一道辅助封锁线。

此次江阴沉船，总计征用商轮、军舰、趸船共44艘，约7万总吨，又从苏、浙、皖、鄂等省征用民船、盐船185艘，船上装石头1.2万吨，以填补舰船空隙。江阴防线工程浩大，历时近两月，动员民工2000余人。设于黄山的海军电雷学校，也派人在封锁线一带敷设了水雷。

江阴水下屏障虽难以阻挡日军的进攻，但一度起过延缓作用。由于汉奸告密，多数日本船舶在封江前已逃脱，未及撤走的日清公司"岳阳丸"、"大贞丸"为我所获，改名为"江汉"、"江襄"，编入了招商局船队。

除江阴外，中国航业和海军从1937年8月至1938年11月，奉命在上海十里铺、闽江口、连云港、镇海口、珠江口、乌龙山、马当、田家镇、葛店、石首、田家滩等要塞构筑阻塞线，沉船御敌，总计贡献船舰约15万吨。

各航运企业为拯救民族危亡，相继献出大量船舶，演出了抗日战争中极其悲壮的一幕。要塞沉船为我军民和军公物资的后撤赢得了宝贵时间，书写了救亡图存的不朽篇章。

 中国航业惨遭浩劫

侵略战争给中国航业带来空前浩劫。日军出动大批飞机对我船岸设施狂轰滥炸，妄图一举切断中国战时运输动脉，摧毁中国战时经济基础。尽管中国航运企业分别采取了向外疏散转移、委托外商代管、撤入川江避敌、出售部分航产等多种应变措施，但仍然遭受了极其惨重的损失。

仅据招商局统计，1937年8月至1943年8月，共损失大小船只73艘，88952总吨。其中江海轮船27艘，51912总吨，整个运力比战前减少70%。局产损失亦十分严重，据上海、汉口等27个江海分局（办事处）1945 年统计，财产直接损失达 58273196 元（法币）。战后，招商局对各项损失进行了全面调查核实，其中财产损失 2600 余万美元，营业损失 2.8 亿多美元，合计 3.1 亿美元。

敌机的狂轰滥炸使中国商轮惨遭灭顶之灾。招商局被敌机炸毁的轮船有"锦江"、"江天"、"江襄"、"津通"、"江建"、"江大"、"快利"、"江靖"、"海祥"、"江华"、"江庆"等 13 艘，2.03 万总吨。民生公司先后被炸沉船舶有"民元"、"民俗"、"鹦鹉"、"民俭"、"民平"、"民主"、"民太"等 9 艘，另有"民宪"、"民政"等 7 艘轮船被炸损。三北、鸿安、达兴等公司也有多艘轮船被炸毁炸沉。据不完全统计，长江船舶抗战期间被炸沉 26 艘，3.15 万总吨，被炸毁 6 艘，7834 总吨，被炸损 13 艘，1.66 万总吨，合计 45 艘，55962 总吨。华东地区被炸沉、被掳掠的商船 143 艘，17.6 万总吨。浙、闽、粤三省 1937 年至 1939 年被击沉焚毁渔船在万艘以上，死难渔民数万人。日本侵略军对中国航业犯下的罪行罄竹难书。

由于受战局变动影响和航道水深限制，相当一部分江轮和进江海轮未及疏散，为敌所获。各埠趸船、驳船因难于迁徙，也大多陷入敌手。招商局陷敌船只 42 艘，3.4 万总吨。三北公司轮船被敌掳掠 12 艘，3.9 万余吨，连同驳船共达 4.48 万吨。民生公司陷于敌手的轮船 6 艘，铁驳 4 艘。仅据上述三家不完全统计，抗战期间陷敌船只即达 62 艘（三北公司驳船未计），约 8 万吨。肇兴、直东、北方航业、大通兴、中国合众、达兴等公司均有船只被敌掳掠。

据国民政府交通部统计，抗战前夕，中国共有江海轮船 3457 艘，57.6 万总吨，其中海轮 124 艘，36.7 万总吨，江轮 3333 艘，20.9 万总吨。在八年抗战中，遭敌机轰炸、被敌军掳掠、转移国籍、要塞自沉共损失江海轮船 3000 艘，49.5 万总吨，其中海轮损失 100%；江轮损失 2876 艘，12.8 万总吨，比战前分别减少 86.3% 和 61.2%。与此同时，江海港埠设施也绝大多数被日军侵占或破坏，仓栈遭焚，码头被炸，客货运输全部中断，民族航运业苦心经营数十年积累起来的大量航产均毁于一旦。

由于战争的摧残与破坏，中国各航运公司业务几陷停顿，收入锐减。招商局在 1939~1944 年的 6 年间，有 5 年发生严重亏损，累计结亏 6198 万元（法币，下同）。民生公司亦因物价飞涨和军差过重等原因，1939~1941 年共亏损 220 万元，1945 年竟高达 2215 万元。其他民营航运企业如三北、大达等公司也入不敷出，陷于艰难竭蹶之中。

 中国海员血洒海疆

中国海员在第二次世界大战期间蒙受了深重灾难。根据 1937 年至 1941 年的不完全统计，中国海员在远洋航线上工作的有 22085 人，在南洋航线有 6250 人，在沿海航线有 16840 人，居留国外者约 2.5 万人，滞留香港者 1.5 万人，加上长江等内河船员，共有海员

12 万余人。因战争影响，大量海员（包括高级船员）失业，或被迫转业，亦有部分海员出国谋生。香港、新加坡、悉尼、加尔各答、利物浦成为中国海员的重要聚集地。他们承担最繁重的体力劳动，受到种种歧视，工资菲薄，待遇恶劣，被折磨致死者比比皆是。如 1940 年初，印度加尔各答的中国海员 4000 余人，因不堪忍受当地把头的尅扣盘剥，上街游行示威，遭到英、印军警镇压，数百人被捕，被押往印缅前线服苦役。未久，英国人又设所谓"华工招待所"，将 1000 余名中国海员送往伊朗做苦力，死亡 100 余人。同年春夏间，大批从事军运的中国海员，被英法等国的轮船公司转往南太平洋一些国家的岸上干活，死亡甚众，幸存者仅几百人。1941 年，大批中国海员被美国政府驱逐出境，历经磨难，后因当地华侨相助才得以回国。太平洋战争爆发后，部分中国海员被强行送到日本船上做工，人身失去自由，每天劳动 10 小时以上，航行途中常遭盟军飞机轰炸，大批海员丧生，战后生还者甚少。而荷兰籍"劳鸦"号等轮上的中国籍海员为日舰所掳，惨遭毒打，后被押送到日本，伤亡病死者居其大半。

中国海员作为国际反法西斯战线一支重要力量，英勇顽强地开展了各种形式的斗争。抗战之初，香港一度集中中国海员数万人，其中相当一部分在香港海员工会和"余闲乐社"组织下从事抗日活动，捐款 10 余万元支援抗战，并开展不买日本货、不上日本船的斗争。1938 年先后组成 5 批海员回乡服务团，分别到珠江三角洲及潮汕等地开展武装抗日活动，并在此基

135

础上成立了东江纵队。

英国利物浦是中国海员又一活动中心，一度集中中国海员2万余人，1941年为改善待遇举行罢工并取得胜利。1942年在中共英国支部领导下成立中国海员工会利物浦分会，入会者达一万余人。

在南非开普敦，中国海员数百人开展反对种族歧视的斗争，迫使殖民当局答应各种娱乐场所向中国海员平等开放。

中国海员在抗战期间的一大特殊贡献是为盟军运输军事物资。据不完全统计，参加海上军运的中国海员约计一万人，他们不畏艰险，一往无前，出生入死，血洒海疆，表现出中国海员无畏强暴的英雄气概和崇高的国际主义精神。他们的非凡业绩为国际舆论所敬佩并得到盟国政府的表彰。

转移到后方的中国海员，同样为坚持长期抗战作出了巨大贡献和牺牲。他们冒着纷飞战火，辗转千里，构筑成一条条炸不垮的钢铁运输线。不少船员在日机轰炸下负伤、致残，直至流尽最后一滴血。据统计，抗战期间招商局为国捐躯的员工达69人，民生公司牺牲船员117人，受伤致残76人。其他中小公司、地方航运企业的船员在抗日战争期间因公殉职者难以计数。他们以血肉之躯谱写了气壮山河的民族正气之歌。

 4 抢运人员物资入川

沪战爆发后，大批工厂、学校、科研单位和大量人员、物资亟待西迁，仅上海一埠准备迁入内地的工厂即达 500 余家。国难当头，中国航商义无反顾地承担起疏运人员、物资的繁重任务。

1937 年 9 月，招商、三北、民生、大达、大通等航运企业在南京成立内河航业联合办事处，统一办理军公运输、客货运输事宜，交通部委派李景潞主持其事。未久，上海物资开始疏运，由于江阴江面已被阻塞，华商轮船改从上海日晖港起运，经苏州河转镇江，再换船抵南京，到 11 月 12 日上海失守前，许多工厂已安全转移。

日军继续沿江西犯，12 月 13 日，南京陷敌。1938 年 7 月，日军溯江西上，准备围攻武汉，抢运战略物资保卫大武汉已成当务之急。在交通部次长卢作孚主持下，各公司均派轮投入抢运，其中，长江中下游运输以招商局为主，川江运输以民生公司为主，其他航运公司参与协运。为此，招商局先后开辟九江至南昌，汉口至长沙、常德、衡阳，常德至津市、桃源等航线，派大型江轮"江安"、"江顺"（各 4300 余吨）试航汉宜线，海轮"海祥"号行驶汉口长沙线，并在粤汉线实行水陆三段联运。由于各轮船公司日夜抢运，汉口战区集中了各地兵工厂、钢铁厂等各类工厂 256 家，各种器材设备 10.8 万吨。

日军步步进逼，空袭频繁，武汉形势更趋紧张。为尽快将军公物资抢运入川，各航商在汉口成立长江航业联合办事处，沈仲毅任主任委员。1938 年 5 月 2 日，由交通部次长卢作孚主持，招商、民生、三北等航运公司在宜昌召开紧急会议，作出了有关抢运军公物资的 21 条决议。5 月 20 日，各公司利用仅存的 16 艘轮船开始起运。各轮通力合作，冒着纷飞战火，将大批军公器材和其他战略物资抢运到了宜昌。仅招商局在一年多时间内即抢运军民 94 万人次，军公物资、商货 47 万吨。

1938 年 10 月 25 日，武汉沦陷，日军继续沿江西侵，宜昌岌岌可危。堆积在宜昌码头的军用器材、航空油料等军公物资共约 20 万吨，正如卢作孚所言："全中国的兵工工业、航空工业、重工业、轻工业的生命，完全交付在这里了。"将这批物资抢运入川具有重大战略意义。

当时，行驶川江的多为小轮，月运量约 5000 吨，按常规运输，需几年时间才能运完滞宜物资。宜昌离武汉仅 600 余公里，日军随时可能进犯，形势颇为严峻，且川江枯水期已临近，有利于行轮的中水位时间只剩下 40 天。外国航商趁机将运价哄抬两三倍。为回击外商勒索，中国航商在宜昌展开了一场空前紧张的抢运战。

民生公司响亮地提出"为抗战服务，军运第一"，果断将运价降低 30%～60%。1938 年 9 月，卢作孚等从武汉亲赴宜昌组织抢运，民生公司领衔与货主签订运输合同，招商局、三北公司派轮参与抢运。各公司在卢作孚主持下彻夜开会，拟订出 40 天抢运完滞宜物资的详细计划，并立即付诸实施。

会后第二天，24 艘轮船投入抢运，往返穿梭于宜昌与川江各港站之间。为加快抢运速度，川江各轮实行三段运输，将最重要和不易装卸的笨重设备，由宜昌直航重庆，其余物资分别运到秭归、巴东、巫山、奉节、万县，然后租雇木船转运，在川江转运抗战物资的木船高峰时达 1200 只。各轮昼夜兼程抢运，每天进出宜昌港的轮船多达 12～14 艘，港口极度紧张繁忙，入夜后，两岸灯光映照江水，起重机轰鸣声、号子声、汽笛声彻夜不停。

民生公司与各航商终于在 40 天将大部分军公物资抢运入川，其余器材也于 11 月上、中旬全部运完，从而结束了宜昌抢运战中最为紧张的一幕，创造出中国战时交通史上的奇迹，60 天内抢运量超过民生公司 1936 年全年运量。

由于各航运企业的共同努力，大批工厂、学校、科研机构被转移入川，截至 1940 年，全国内迁工厂共 448 家，其中 55% 转至四川，这不仅减轻了侵略战争造成的经济损失，而且为坚持长期抗战提供了物质基础。

 六大江轮撤进川江

沪战爆发前两天的 1937 年 8 月 11 日，国民政府交通部密电航运部门和各航商，将所有江海轮船尽速驶入长江。未久，集中在汉口江面的轮船达 450 艘，42681 总吨，到 1938 年 2 月增至 645 艘，143790 总吨。

1938 年 10 月武汉危急，江海轮船奉命继续后撤，撤往宜昌 208 艘，长沙 66 艘，常德 16 艘。一时，江海大轮麇集宜昌，仅招商局滞宜的大轮就有"江安"（4327 吨）、"江顺"（4327 吨）、"江华"（3693 吨）、"江汉"（3322 吨）、"江新"（3372 吨）、"江建"（2770 吨）等。为避日机空袭，大轮必须立即撤入川江。

川江自古被称作天险，航道狭窄，水流湍急，暗礁密布，巨石林立，大小险滩达 30 余处，船家皆视为畏途。自 20 世纪初川江行轮以来，仅有 1500 吨以下中小轮船航行，大轮从未驶入川江。1938 年春，招商局奉令组织试航长江上游委员会，派人全面调查川江航道情况和各船性能，并据此拟订了具体行动计划。民生公司派遣领江一组由渝飞宜，协助招商局大轮入川。

11 月 13 日清晨，"江顺"轮率先从宜昌起锚上航，4 小时后安抵庙河。3 天之内，"江安"、"江新"、"江华"也顺利抵达庙河。未久，"江汉"接踵而至。停泊庙河的江轮已达 5 艘，极易成为敌机轰炸的目标，这一带江水又涨落无常，轮船难以久泊，于是领江皮光福提出继续上驶的建议，被招商局采纳。

庙河以上航道更难行轮。六大江轮航行泄滩、青滩、崆岭三大险滩，堪称惊心动魄的一幕。12 月间，"江顺"、"江安"开足马力上驶泄滩，并用人力绞滩，但因江流过急，竟一连绞断 3 根钢缆，船反被急流冲下。运输司令部遂在泄滩设立机器绞滩站，招商局提供了钢缆、锅炉、滑车、绞车等设备，并派出工程技

术人员协助安装，很快就在泄滩上游约 600 米处立起 3
米多粗的水泥桩，配上 3 组滑轮，用 4 根各长 480 米的
钢缆相连接。借助机器绞滩之力，"江新"轮于 1939
年 1 月 1 日清晨顺利通过泄滩，当天安抵巴东。此后，
各大江轮经过几个月的艰难航行，相继闯过泄滩、青
滩，经巴东、巫山驶抵奉节。

6 月 21 日，"江新"、"江华"、"江汉"离奉节抵
万县并继续上航。万渝水路以观音滩和蚕背梁两段最
为险要，特别是蚕背梁江中突起一条石埂，行轮易遭
不测。招商局派技术人员实地勘察后，命"江新"等
轮待水位相宜时再上驶。数天之后，江水稍涨，"江
新"轮重新开航，于 1939 年 6 月 29 日安全抵达唐家
沱。这是 3000 吨以上级大轮首次靠泊山城重庆。此
后，其他 5 艘江轮相继平安抵渝。

六大江轮入川的壮举轰动中外，当地居民奔走相
告，中外报纸争相报导，盛赞六大江轮船员饱满的爱
国热情、豪迈的英雄气概和娴熟的航行技术。

几千吨级巨轮闯过无数天险，穿越三峡雄关，胜
利驶抵重庆，创造了航运史上的奇迹。据统计，由宜
昌退入川江的江海轮船共约 200 艘，保存了民族航业
的一支有生力量。

 6　大力经营后方航线

抗战军兴，中国航业退居川江一隅和东南沿海小
港，航线日益缩短，营业急剧萎缩。在极其艰苦的战

争条件下，民生公司、招商局等航运企业努力开辟新航线，开展多种形式的联运协作，为沟通后方物资交流和承担军事运输作出了重大贡献。

民生公司战时川江业务极为繁忙，先后开辟多条新航线。1940年6月宜昌失守后，巴东成为川江前沿港口，地位日显重要，民生公司遂开辟重庆至巴东航线，经营客货运输业务。而三斗坪已取代宜昌成为战时前方港口和水陆联运枢纽港，民生公司相当重视经营重庆三斗坪专线，每天安排两轮对开。此外，民生公司还以重庆为中心，经营短途航线19条。

1941年10月，民生公司派"民教"轮试航金沙江叙府至安边航线。12月，"民生"轮首航叙府至屏山线，均获成功，金沙江沿岸各族人民无不称便。1944年7月，又派"民听"轮试航嘉陵江重庆至南充线，亦获成功。

抗战期间，民生公司共完成货运量137.9万吨，客运量2217.4万人次。

抗战爆发后，招商局经短暂休整，于1939年开始代理"协庆"轮业务，以此作为复航川江的序幕。未久，派"澄平"、"利济"两轮行驶渝万线。后又调派局轮并租用轮船，开辟川、湘多条航线，其中川江的渝万线、渝巴（东）线为战时运输主通道。平时，招商局安排小轮定期行驶，洪水季节，另派大型江轮在夔府、万县、重庆之间往返运输，装载一些小轮难以承运的大件货物。

抗战期间，各航运企业以民族大义为重，捐弃前嫌，实行多种形式的联运，包括分段联运、水陆联运、水空联运、轮木联运等。

分段联运：1938年5月20日，招商局与民生公司达成协议，凡有货物在川江各埠至长江中、下游及湘江各埠往返运输，均实行分段联运，由民生公司负责川江运输，招商局负责长江中下游和湘江运输，以宜昌为转运点。这一联运业务，至武汉失守后始告结束。

水陆联运：包括水路铁路、水路公路两种方式。1938年，招商局与粤汉铁路实行水铁联运，各类物资从武汉水运到长沙或渌口、衡阳，然后由火车运至曲江或英德，再由水路运到广州。所有水运事宜，均由招商局办理。

全长1000余公里的川湘联运线和800多公里的川陕联运线是战时后方两条最重要的水陆联运线。1940年8月1日，交通部令招商局、民生公司合组川湘、川陕水陆联运处。川湘联运中的水路部分包括长江（重庆至涪陵）、乌江（涪陵至彭水或龚滩）、酉水（龙潭至沅陵）、沅江（沅陵至常德）四个航段，其中长江段由招商局、民生公司轮船运输，其余三段水路共有木船1100余只，陆路部分共组织力夫5000人，以板车为运载工具。因此，川湘水陆联运线是用轮船、木船、力夫、板车、汽车等相连接的运输路线。

在川陕水陆联运路线中，重庆—合川—广元—阳平关段，可用水运，广元—宝鸡，或阳平关至宝鸡段则可利用公路车运。水路重庆至合川段主要由民生公司承担运输任务。这一航线年运量约8万至10万吨。

1940年12月，川湘、川陕水陆联运处改为官商合办的川湘、川陕水陆联运公司，股本100万元，官、商各居一半，下设川湘联运总段和嘉陵江运输总段，分别办理川湘和川陕运输业务。

水空联运：这是战时后方运输又一重要方式，自太平洋战争爆发后，缅甸沦陷，中印空运遂成为中国主要国际通道。盟军援华物资从印度加尔各答或丁江空运到昆明再陆运至重庆。1943年，交通部决定将丁昆空运线延至四川宜宾或泸县。民生公司、招商局奉命承办丁江、叙府、重庆之间水空联运水路段的接转事宜。进口物资多为兵工、通信和工业器材，出口主要是钨砂、生丝、桐油、猪鬃等物资。为加强水空联运，战时生产局成立运输优先委员会和泸县接转空运物资、轮船吨位分配委员会，招商局、民生公司均系成员单位。1945年6月，各公司在泸县组织空运物资轮船接运委员会，公推民生公司、招商局担任正、副主任委员。这一水空联运线1943年年运量达4万余吨，多为驻华美军所需物品。1944年、1945年运输盟国援华物资1万余吨。

轮木联运：民生公司与有关交通企业联合举办了渝蓉轮船木船联运和川滇轮木联运。

由多种形式、多类工具、多条路线构成的联运网，沟通了省与省之间、前后方之间的经济联系，确保了战时军公运输，活跃了城乡之间的物资交流，显示出了综合运输的巨大优势，同时也表现了中国人民艰苦卓绝的奋斗精神和无穷无尽的聪明才智。

海轮改悬外旗行驶

1937 年 8 月 11 日，国民政府交通部密令航运部门及各航商，不能驶入长江的大型海轮可改驶南方各港或外国港口，未及撤离者准予暂时转移中立国国籍，以避免敌机军舰的袭击和掳掠。同月，交通部公布《非常时期轮船转移外籍办法》，被获准转入外籍的海轮共 130 艘，14.5 万总吨，其中转入葡籍 37 艘，意籍 18 艘，德籍 17 艘，希腊籍 16 艘，巴拿马籍 7 艘，英、美籍各 5 艘，其他国籍 25 艘。招商局、三北、宁绍等大中公司和舟山、穿山、新瑞安、永安等小公司均有船"出售"给外商。而所谓"出售"，实则委托外商代管，改悬外国国旗行驶。也就是或由外商出面向领事登记，或外商象征性地拿出一点股款，双方合伙经营，或双方约定，按收入分成，由中方按航次给外商一定报酬。1937 年 11 月，招商局与美商卫利韩公司签订合同，将全部局轮和岸上仓库、码头等设施，委托该公司代为经营和管理，每年从营业收入中提取 3% 作为卫利韩的报酬。招商局轮船从此改悬美国旗帜行驶。太平洋战争爆发后，卫利韩代管的招商局全部轮船与其他局产悉被日军掳掠。

战争初期，中国航运中心曾一度转移到广州。随着战场的西移，外国轮船公司相继在上海恢复业务，1937 年 9 月，太古、怡和投入船舶 11 艘，恢复南北洋航线。1938 年 1 月，南北洋、长江航线已全面复航。

上海也重新恢复了中国航运中心地位，从上海到大连、威海卫、天津、烟台、青岛、福州、厦门、汕头、广州、香港等埠均有船只往返，除太古、怡和等公司原有船舶外，相当一部分是一些新公司代管的中国籍船舶。如三北公司将船只转称意大利籍，改称中意公司，轮船改悬意旗，从越南海防等港装运粮食直驶上海。属于此种性质的公司还有中南航业公司、意华洋行等。此外，航行于南通、扬州，崇明、宁波、定海、海门、温州、厦门、福州等埠的船只中，也有挂着外国旗的中国轮船。

在日军严密封锁下，中国船只难以在苏北及浙、闽等省的大港口靠泊。于是，一些华籍船只改挂外国旗，停泊于港外，用小轮驳运，虽运费较高，但航商甘冒此种风险。这对沟通上海与内地非敌占区的物资交流起了重要作用。如合众航业公司在沪战之后派轮悬挂外旗，待涨潮时经射阳河口驶往苏北阜宁县的合兴镇，使该镇一度成为苏北运输总枢纽。在高额利润驱使下，英、美航商也纷纷派轮行驶上海—射阳—合兴镇航线，从上海装运日用百货赴苏北，并偷运武器供应苏北游击队，返程时将棉花运回上海。到1939年1月，由于日飞机、军舰在合兴镇采取联合行动，将"海达"等3轮劫往青岛，上海—阜宁航线从此不再有轮船往返。

从1940年开始，日军事当局采用敷设水雷、飞机轰炸、军舰拦截等手段，进一步限制和阻止外轮在中国沿海航行，10多艘悬挂葡萄牙国旗的轮船被日军扣留。在险恶环境下，许多华籍小轮悬挂外旗冒险航行，小轮、小驳船甚至舢板船一时成了海上运输主力。这些船只大多在深夜行动，从上海外滩将商品装船，驶往一些被日本人视为已经"死去之口岸"，泊于离港口数里外的岛屿或港汊，伺机卸货与装货，一般要花几个晚上才能将货物装卸完毕。这种航行十分惊险，但利润丰厚，故营业颇为繁盛。

为了摆脱、逃避日军的拦截，华商小轮常常改变路线，迂回航行，如沪甬线即有多条航路。日军常对华商小轮进行勒索，如对驶往温州等口岸外小岛的小轮强行收缴所谓"特别费"，其代价甚至高于运价。尽管如此，这些小轮仍常遭掳掠。

太平洋战争爆发后，日军更穷凶极恶地强行没收悬挂英、美等国国旗的中国船只，或将这些船只扣留，强令改为"合营"；或强行收购，将这些船只编入日本船队。

 后方航政机构的重组

抗战军兴后，中国政治、经济中心逐步向西部转移。

为适应战争形势，根据国民政府命令，交通部与铁道部于1938年1月1日正式合并，张嘉璈任新组建的交通部部长。当时，武汉已成为全国军事、政治中心，特别是水运业的中心，汉口航政局事繁任重，而原局长董仲修又是消极无为的平庸之辈，故重组汉口航政局已刻不容缓。

经认真考核，时年33岁的青年航政专家王洸被任命为汉口航政局局长，并于1938年2月14日走马上任。

汉口航政局于1938年3月恢复长沙办事处，该处先后在衡阳、湘潭等地辗转办公，至1939年3月复迁回长沙。1938年6月和9月又先后恢复业已停办的九江、常德办事处。1938年夏，武汉形势日趋紧张。8月4日，汉口航政局部分人员随国民政府驻汉各机关迁往重庆。10月22日，汉口航政局最后一批留守人员在武汉沦陷前3天从汉口撤出。11月1日，汉口航政局在重庆朝天门信义街下首恢复办公，其管辖范围：长江干线自白沙镇以下至丰都县城及乌江，嘉陵江自北碚以下至重庆朝天门入江口。到1940年，汉口航政局下设办事机构有九江（移设吉安）、长沙、宜昌（后移设巴东）、重庆（移设泸县）、常德（移设沅陵）等五个办事处。

1941年8月1日，汉口航政局经国民政府批准改称长江区航政局，统一管理长江上游及川、湘两省内河航政事宜，长江航政统一管理的体系在上述水域已大体形成。9月20日，国民政府颁布《长江区航政局组织规程》，形成了较为完整的长江航政系统的组织构架。10月1日，交通部核准《长江区航政局各科室分股职掌规则》，明确长江区航政局下辖宜宾、泸县、广元、南充、合川、万县、巴东、长沙、常德（设沅陵）、九江（设吉安）共十个办事处。

战时后方长江区航政局和珠江区航政局两大航政局所管辖的航线主要涉及川、湘、赣、桂、粤五省。四川省通航河流主要有长江上游（川江）、嘉陵江、涪江、渠江、金沙江、岷江、綦江和黔江，湖南省有湘水、沅水、资水、澧水、酉水和长沙常德航线，江西省有赣江、禾水、袁水、章水北源南源、贡江、桃江、琴水、锦江、信江，广西省有西江上游、桂江、柳江、左江、右江、贺江、洛清口、红水河，广东省有东江、西江、北江、韩江、增江和梅江等。

航政部门除管理上述航线、保证轮木船只正常航行外，除相继开辟了川湘、川陕、川甘等多条水陆联运线。加强航政管理对山高水险、水水互不相连的川、陕、甘地区尤显重要。

抗战胜利前的 1944 年 8 月，王洸另有任用，长江区航政局局长由周厚钧接任。

水运运价管理是抗战时期一个特别突出的问题。抗战之前，运价向由航商自行确定，政府部门并未插手。1938 年武汉、宜昌抢运期间，由于货多船少，致使运价飞涨，一些船户将每吨 30 元的运价抬高到 190 元，黑市运价每吨竟高达 360 元，致使货主不堪重负。为保证战时运输的正常进行，汉口航政局临时制定了宜渝线木船运输办法，规定航商必须执行统一运价。1939 年 4 月，汉口航政局编制了《四川省木船运价章程》和《四川省轮船运价章程》并明令公布施行，详细规定运价标准。这是中国航政部门统一制定水运运价之"嚆矢"。

　　长江航政部门编订运价表，以各航线为单位，按上水下水分别作出具体规定。其货物分普通货与轻浮货，规定运价的最高和最低标准，防止航商垄断水运市场，并遏制恶性竞争。客运亦按照不同航线、上下水及舱位等级，分别规定票价，航商"不得自行增减"。木船军运运价1940年6月之前按普通客货运价九折计算。嗣后航政部门规定，军、公、商水运运价实行统一标准。

　　由于受战争影响，后方物价飞涨，航政部门对水运运价也不得随之频繁调整。从1939年4月至1941年10月，木船货物运价调整不少于7次，轮船旅客运价调整不少于5次，轮船货物运价调整不少于3次，调整幅度分别为300%～800%、480%～960%、130%～180%，其涨幅虽然惊人，但未超过10倍，与社会物价较战前上涨二、三十倍乃至百余倍相比，水运运价的涨幅要低得多。航政部门控制水运运价的努力，还是有成效的。

　　但是，水运运价上涨之势难以遏止。长江区航政局为限制运价过快上涨，颁布了许多规定、命令、办法，截至1944年11月1日，该局上年初拟定的《四川省木船货运限价表》已发布第5版，足见货运运价的混乱已达到何等严重的程度。这是日本侵华战争造成的恶果，非长江区航政局一家之力所能彻底解决。

　　自实施水运运价管制以来，由于物价剧烈变动，航商亏累不支。政府从1944年6月开始对航业实行补贴政策，各公司逐月将所行驶的船只、航线里程、运量、航行次数、收支实况等分表呈报交通部，经核准后发给航业补贴，1944 年下半年共补贴 12467 万元（法币）。后又对此办法加以补充、修改，1945 年共补贴 210214 万元。接受贴补的航运公司有招商局、民生、三北、强华、合众、三兴、佛亨、永昌共 8 家。

加强运价管理、实行补贴政策是战时长江航政管理的一大特色。

救济失业船员是长江航政部门的又一重要职责。抗战爆发后，在日本航运公司工作的中国船员大多自动离职，失业的引水、舵工、水手等达 300 余人，大多闲居在武汉。交通部门于是调拨紧急救济金，由汉口航政局转发给失业船员。此后，交通部门将较为年青有一定专业知识的引水人员 30 余人，送往交通员工训练所参加训练，其余年龄较大者则派往各轮承担服务工作。汉口区航政局将约 300 名引水转移至四川，按月贷给生活费，后又发给救济金。这一部分引水人才，除部分抽调至川江各绞滩站工作外，其余约 150 人均储备待用。

 ## 川江等河道绞滩机的设置

川江素以滩险水急著称，虽历经整治，仍收效甚微。抗战军兴后，江海巨轮满载大量军公物资和客货入川，均系逆水行舟，过滩倍感困难，尤其过一些大滩、险滩，要靠滩夫拉纤，或在轮船上安装绞关自绞，既耽误时日，又难保安全。整治川江，包括增设绞滩设施、整治重点险滩、添置导航设备等已刻不容缓。

1938 年 10 月 21 日，交通部令汉口航政局在宜昌正式设立绞滩管理委员会，王洸兼主任，其主要职责是在川江各处险滩设置机械绞滩站，以利船舶航行。在招商局、三北、民生等航运企业的支持下，当年冬在兴隆滩、青滩、东洋子、滚子角、塔洞、牛口、庙基子等 7 处重点险滩安装了机械绞滩站。1939 年，设泄滩、狐滩、下马滩、青竹标、冷水碛、油炸碛等 6 个绞滩站。1940 年 5 月又设立白洞子、宝子滩、碎石滩等 3 处绞滩站。

1940 年 6 月 11 日宜昌失守后，绞滩管理委员会于 6 月 22 日移设万县，10 月在泸县设立长江上游绞滩总站。12 月又在川江上游斗笠子、莲石三滩安装绞滩机。1941 年 2 月 18 日，青滩绞滩站机械绞滩设备重新装设竣工，恢复施绞。1943 年 11 月 23 日，绞滩委员会迁往重庆办公。而绞滩站也几经增减，到 1945 年，川江共有绞滩 18 个。

整个抗战期间，川江各绞滩站共施绞船舶 79199 艘次，其中轮船 2399 艘次，木船 76800 艘次。。

各绞滩站在极其艰苦的战争环境中施绞船舶。由于绞滩器材缺乏，绞滩职工克服困难，寻找替代器材。在施绞轮船时，绞滩机上安装铁质绞关，配置各种钢缆及蒸汽机；或把绞滩机安装在趸船上，随水位涨落而移动。泄滩绞滩站设置这种浮动绞滩机，可施绞 3000 吨级船舶。

据统计，川江战时共有绞滩站员、滩工 1214 人，拥有绞滩船 1 艘，蒸汽机 2 台，注水机 2 台，铁质绞机 16 部，木质绞盘 7 部，钢筋混凝土基盘 20 座，钢筋混凝土绞桩 10 座，站房 17 幢，以及一批木划、起重摇车、石桩、钢缆、竹缆、浮筒等设施。就是依靠这些较为简陋的机械代替人工绞滩，船舶过滩效率可提高几倍甚至几十倍，航行速度大为提高，安全事故大大减少，对确保川江战时运输起了重要作用。

机械绞滩在川江初见成效后，逐步推广到嘉陵江、酉水、乌江、沅江等水域，初步保证了湘、滇、陕各省水路运输的畅通。

嘉陵江是川陕水陆联运的必经水道。1939 年冬，绞滩委员会设嘉陵江绞滩总站，在合川以上石驴子、大石鸭子、小石鸭子、老鸦岩设 4 个绞滩站；1940 年又增设天子磨、葡萄片、箱溪、磨盘滩、肖门滩等 11 个绞滩站，每滩站均安装木质绞盘，配备竹缆，可施绞 25 吨以下木船过滩。

酉水是川湘水陆联运的重要水道，木船上驶有赖绞滩。1940 年冬，绞滩委员会先后建成高积头、凤滩、茨滩、双榕滩等 5 个绞滩站。

乌江同样是川湘水陆联运的必经通道。1941 年，绞滩委员会将长江上游绞滩总站移设涪陵，年底先后建成洋角碛等绞滩站，另由乌江工程局建成小角帮、沿滩等绞滩站并移交绞滩委员会管理。

沅江为湘西水运主要通道。1939 年，绞滩委员会在常德、沅陵间设立青浪滩、甕子洞、九矶、横石 4 个绞滩站。1940 年增设高溶洞绞滩站。各站均装设绞盘，配置竹缆，使用人力推动绞盘施绞船舶。

据统计，1938 年 10 月至 1940 年，嘉陵江、酉水、乌江、沅江战时共建绞滩站 40 座，加上川江 16 座，战时共有绞滩站 56 座。绞滩站的建设，使轮船、木船航行上述五江，均履险如夷，这对战时水上运输无疑大有裨益。

 ## *10* 川江、西江造船处的设立

抗战军兴后，恢复生产成后方当务之急。后方战时客货运输量大幅度增长，水运在后方经济布局中占有举足轻重的地位。不仅川江成为战时运输主通道，西南其他河流水运地位也显著提高。从西北运入内地的棉花、汽油、皮革等物资，90% 以上经嘉陵江水路运输。而重庆所需的大米（年 300 万担以上）及其他农副产品，也 80% 以上依赖于水运。但战时川江及其支流和华南西江、北江、东江、韩江的轮船数量剧减，撤入后方的轮船又大都无法航行于流急滩险的水道，而开辟新的航线和水陆联运线急需大批适航船舶。因此设置造船机构，大量制造改良型木船和浅水轮船已成当务之急。

1939 年初，国防最高委员会饬令川、桂两省建造木船，增加运力。同年夏，交通部汉口航政局在重庆设立造船处。1939～1940 年，该处设造船厂 10 座，其中长江区的重庆、泸县、宜宾 3 座，嘉陵江区的南充、阆中、广元 3 座，涪江区的绵阳、太和镇 2 座，綦江区的綦江 1 座，乌江区的涪陵 1 座。

抗战期间，全国造船中心在重庆，而重庆造船能力较强的企业当属民生机器厂、招商机器厂、三北机器厂、恒顺机器厂及海军工厂，"其中以民生机器厂规模最大，设备也最完善，可以制造 500 吨级的江轮"。

为进一步扩大造船规模和加强造船管理，交通部于 1939 年 11 月在广西柳州设立西江造船处，汉口航政局局长王洸兼任处长，负责广西、广东、江西、湖南四省的造船事宜。西江造船处下设 5 个造船工场。1939 年 12 月 20 日在柳城县五里洲和融县长安镇分设专造木船的第一、第二工场。1940 年 2 月，将广州航政局设于柳州九头山村的造船工场改为西江造船处第三工场。同年 8 月，在湖南衡阳增设第四工场，专造浅水轮船。南京和宜昌相继失守后，第三工场移往四川昭化，第二工场转至湘西沅陵，分别制造嘉陵江和沅江、酉水的木船。1941 年 3 月，在江西泰和增设第五工场。同年又将第一工场移至广东曲江，时称曲江造船厂，以制造木船为主，兼造浅水小轮船。

截至 1940 年底，西江造船处共制造木船 742 艘，计 3907 总吨。1946 年共造船 453 艘，5080 总吨。

以上木船均系曲江、沅陵、衡阳、泰和各工场所造。而西江造船处下属的衡阳、泰和、柳州等工场还造出了一批 30～200 吨的浅水轮船。

1941 年 1 月，交通部在汉口航政局造船处的基础上在重庆组建川江造船处，负责四川造船事宜。该处下辖 10 个造船厂和 3 个造船工场，其中 3 个造船工场为战时新设。1941 年 2 月，在三汇设立第一工场，将接收的昭化工场改为第二工场，在宜宾设第三工场。

西江造船处（即曲江造船所）和川江造船处被并称为全国两大战时造船机构。1943 年，两处合并，组成交通部造船处，承造中央机关和地方所需木船和浅水轮船。

面对后方设备的简陋和资金、原料的严重不足，各造船处、场（厂）努力寻找替代器材，造出了一批较为适用的船舶。

川江造船处对造船工艺十分重视。1938 年初，交通部邀集造船专家，提出了浅水轮船的设计方案：轮船宜功率大而吃水浅；采用客货兼拖轮式；使用烧煤的蒸汽机；船壳采用国产木料；船长约 100 英尺，宽 15 英尺，吃水 3 英尺。而木船全部结构均按木壳轮船设计，以便必要时改造为轮船。新式木船与同吨位的旧式木船相比，船员人数相等，而速度可提高 30%，且更适宜航行于支流浅滩。

川江造船处造船成绩斐然。1940 年 3 月，汉口航政局造船处以 54 万元订造排水量 165 吨的浅水轮船 2 艘，后因所定预算经费不足改用贷款方式由民生机器厂按照核定图样负责建造，同年川江造船处共完成木船 587 艘，计 6132 总吨。1941 年川江造船处贷款给中国内河航运公司制造浅水轮船，将汽车发动机加装煤气炉以代汽油机动力，先后造成 10 艘，其吃水甚浅，可行驶嘉陵江重庆至南充段，甚至远达广元。

据统计，1940 年 3 月至 1945 年底四川省共造浅水轮船 12 艘。

制造木船是战时造船部门的重要职责。所造木船按各河流情况分为八个等级，即 60 吨、45 吨、36 吨、30 吨、24 吨、18 吨、12 吨、6 吨。对每艘船按其造船所需款的 80% 以极低利息给予贷款，分期摊还。此举深获船商好评。

四川战时制造木船成绩甚为显著，1939 年至 1940 年，由交通部贷款 101.2 万元，共造出木船 388 艘，7398 总吨。

中国江海航权的收回

抗战期间，对航运界人士而言，最大喜事莫过于江海航权的收回。

自鸦片战争后，我国航权丧失已近百年。国人为收回航权奔走呼号，进行了艰苦卓绝的斗争。

1872 年民族航业招商局的诞生，拉开了中国收回利权运动的序幕。但在当时的社会条件下，仅靠一家企业之力是无法完成这一重大使命的。

辛亥革命后，孙中山力主废除不平等条约，努力收回航权，发展民族航业，但囿于当时的历史条件而无法付诸实施。1919 年五卅运动、1925 年五卅惨案、1926 年万县惨案、1927 年武汉九江民众收回英租界斗争、1931 年九一八事件、1932 年一·二八事件……在中国人民反对帝国主义的爱国运动中，收回航权都是反帝斗争的重要内容。民营航业界多次发表声明，要求抵制外轮，收回航权。上海等江海港口的码头工人拒绝为外轮装卸货物。海员工人相继掀起反帝罢工浪潮，使外国航运公司受到严重损失。航运界知名人士郑观应、张謇、卢作孚、王洸等更大声疾呼：收回航权。

应当说，中国人民收回航权的斗争取得了一定成效。

其一，收回了海关掌控的部分权力。20世纪20年代末30年初，国民政府从外国人手中接管了大部分航政职权，由交通部航政司和上海、汉口、广州、天津、哈尔滨5家航政局及其分支机构管理航政事宜，从而保证了全国航政系统的集中、统一。

其二，从1915年至1931年，中国先后与智利、瑞士、玻利维亚、伊朗、德意志、苏俄、粤地利、芬兰、希腊、波兰、捷克共11国签订商约，收回了江海航权。上述各国在签订新约时，实际上并无商船在中国水域航行。但英法两国则坚持继续在中国沿海内河享有航行权，保留其巨大的商业利益。国民政府与之几经商议，准备对航权"采取整个收回"的措施，但日本、英国"坚不退让"，谈判一直未取得结果。

1937年卢沟桥事变后，特别是1941年12月8日太平洋战争爆发后，英、美对日宣战，两国与中国结为同盟国。中国成为反法西斯阵线的重要成员，被称作世界五强（中、美、英、苏、法）之一。为了表示对盟国友好，英、美于1942年10月9日同时声明放弃在华所享有的各种特权。

中国政府据此考虑缔结新约的内容，交通部随即提出收回航权节略，包括收回沿海贸易权和内河航行权、收购英美在华船舶栈埠、收回引水权等。

经过反复谈判，英、美两国于1943年1月11日同中国分别签订中英、中美《新约》。

中英新约签订于重庆。中方代表宋子文与英方代表薛穆、黎吉生作为双方全权代表在条约上签字。条约共有9条，其中第2条规定英方放弃在华一切特权。与此同时，双方代表互换照会与附件，规定：

英国"放弃关于在中国通商口岸之一切现行条约权利"；

"放弃关于上海及厦门公共租界特别法院一切现行条约权利"；

"放弃关于在中华民国领土内各口岸雇用外籍引水人之一切现行权利"；

"放弃关于其军舰驶入中华民国领水之一切现行条约权利"；

"放弃要求任用英籍臣民为中国海关总税务司之任何权利"；

"放弃给予其船舶在中华民国领水内关于沿海贸易或内河航行之特权"。

中美新约签订于华盛顿。魏道明、赫尔作为双方全权代表在条约上签字。条约共分8条，其中第一条规定美方放弃在华一切特权。与此同时，双方规定：

"关于通商口岸及上海、厦门公共租界特区法院之制度，以及中国领土内各口岸外籍引水人员之雇用，美利坚合众国政府及人民所享有各权利一并放弃"；

"美利坚合众国政府放弃给予美利坚合众国船舶在中华民国领水内关于沿海贸易及内河航行之特权";

"放弃其军舰在中华民国领水内之特权"。

在此前后，中国与其他国家签订类似新约，1943年10月与比利时、1943年11月与挪威、1944年4月与加拿大、1945年4月与瑞典、1945年5月与荷兰、1946年2月与法国、1946年3月与瑞士、1946年5月与丹麦、1947年4月与葡萄牙所签订的新约，均规定中国收回丧失已久的航权。日本作为战败国，自动失去了在中国领水所享有的一切特权。

收回航权是中国航业界的一件大事，是中国人民百年来反帝斗争的一次胜利。这里所谓航权，包括外国人在华享有的内河航行权、沿海贸易权与引水权等特权，同时包括外国人在通商口岸建立的制度以及洋员对中国海关的控制等。至此，中国航权已完全收回。

对这次中国收回航权的意义，时任长江区航政局局长王洸作出了如斯评价："新约成立，举国欢腾"，"我国航权，可谓完全收回，又我国可收购英美航商之产业，对航业之扩展，亦获得臂助，是则较我航界同人历来所期望者，可谓完全达到目的矣"。

 华南水运一派繁忙

1938年10月，日军为切断中国海上外贸通道，抽调兵力进攻华南，10月12日从大亚湾登陆，21日占领广州。1939年2月，广东省政府辗转迁至韶关，韶关遂成为广东省战时省会和华南大后方的中心。

为使粤东、粤北大后方的物资供应不致中断，广东省政府以韶关为起点先后开辟了三条水陆联运线。第一条为韶关—岐岭—汕头线。1939 年 1 月，韶（关）兴（宁）公路恢复通车，从韶关运出的土特产等货物抵兴宁后，用木船沿兴宁河转运梅县或松口，由轮船沿韩江直航潮州，再经潮汕铁路运往汕头。从汕头经兴宁运往韶关的货种主要有食盐及进口货。6 月，日军占领汕头后，这一联运线被迫停办。内地土特产品一时大量积压，广东省政府遂令开辟韶关—惠州—沙鱼涌—九龙水陆联运。这条被当时人称为"最经济及最便捷"的对外运输线，于 1939 年 3 月正式开通，将大量钨砂、茶叶、桐油、竹器等货物运往香港，转运美国及南洋各地；同时将军火、汽车、工业油料、化工产品、煤油等物品转运内地。1941 年 2 月，日军占领沙鱼涌，3 月封闭了这一运输线。广东省当局于是加强韶关—沙坪—三埠联运线的运输力量，1943 年后，这条运输线的业务更加繁忙，每月经韶关运入的湘米约三四万担，从三埠北运的食盐和海产品每月也在 3 万担以上。上述三条联运线的相继开辟，对维持广东大后方正常社会经济生活起了重要作用。

珠江战时主要交通动脉为肇庆以上西江航线。1938 年底，在日军进逼下，广州航政局被迫西迁梧州，大量船舶纷纷撤入西江中上游，麇集肇庆、梧州的轮船达 200 余艘。为维持肇梧线军事运输，广州航政局于 1939 年 1 月组建西江航业战时服务社，总社设梧州，分社设肇庆，参加该社的轮船达 80 余艘，大部分船只被分为 10 组，专门从事肇梧间的军公物资运输，一些较小船只也承运军队或军用物资行驶于梧州以上河道。此外，该社还承担了西南地区所需食盐等商品的进口和土特产出口的运输任务。据统计，经西江输入内地的粤盐每月达 3 万~4.5 万担。黔、桂、湘诸省均将西江视为进出口货物的主要通道，钨砂、铜、锡、桐油、松香、茶叶、猪鬃等货物的出口和煤油、棉纱、布匹、五金、西药等货物的进口，均以西江为必经路线。

珠江水系战时水上运输的开展，为维持和巩固粤东粤北敌后根据地、沟通华南与西南诸省的货物交流发挥了较大作用。

 13　浓云黑雾笼罩江海

1938 年，日军溯长江西犯，分三路围攻武汉。日本中国派遣军总司令畑俊六大将以"军事需要与航行不安全"为由，宣称战争期间"决不开放长江"。10月 25 日，武汉被日军攻占，畑俊六又声称必须把长江航运"作为军需接济应用"，于 11 月 3 日宣布"将无限期禁止外人航运"。英、美、法三国对此甚为不满，多次与日本外务省交涉，要求"开放长江恢复自由航行"，均遭日本当局断然拒绝。长江中下游航运遂为日本所独占，非日籍船只一律禁止航行。1941 年 12 月 8日太平洋战争爆发，日军趁机侵吞了英、美各交战国在中国江海的轮船与码头，中国水域变成了日本的一统天下。

在军舰保护下，日军建立起垄断性的航运体制。战争初期，日军主要依靠日清公司船舶承运军事物资。攻占武汉后，日本递信省立即令日清派轮航行沪汉线，对这条所谓"皇军的补给生命线"予以特殊重视。在侵华战争前期，日清公司充当了日军进犯中国江海各埠的急先锋。

1939 年，为实现建立"东亚新秩序"的梦想，使海运业担负起"国策性的使命"，在日本第 73 次帝国议会上，递信省提出组织"国策性海运公司"的提案，当即获议会批准。8 月 5 日，由日清、日本邮船、三井物产、大阪商船等 11 家日本公司合组的东亚海运株式会社正式成立，资本总额 7300 万日元，拥有船舶 59 艘，20 万总吨，成为当时最大的日资航运垄断企业。此外，战时日本在华航运企业还有山九运输会社、国际运输会社等一批规模稍小的航运公司以及日伪合营的航运公司，构成了庞大的殖民地化垄断网络。与此同时，日本当局还将江海港口运输、航政管理、修造船业等一律置于日军管制之下。

日伪航业忠实地为侵略战争效力，日本商轮成为承运战争物资和掠夺中国财富的主要工具。日本政府推行"以战养战"政策，即"以中国的经济来补充日本的需要"，疯狂掠夺中国资源，包括铁矿石、煤炭及其他战略物资和日用品。日军的残暴掠夺，使沦陷区社会经济生活陷入瘫痪，生产萎缩，市场凋零，民不聊生，行旅裹足，江海运输出现前所未有的大衰落。

在江海各水域，商用船只寥若晨星，即便有少数船户领到了日军颁发的航行特准证，也因慑于日军的暴戾和担心船只被强行征用，不敢贸然承办商旅业务，水上商务运输已完全陷入绝境。

 ## 14　"孤岛"海运短暂繁荣

1937年8月25日，日本政府发表所谓"遮断航行"通告，宣布封锁北纬23度至32度中国东南（即苏、浙、闽、粤四省）沿海港口。同年9月，日本又宣布封锁北起秦皇岛南迄广西北海的中国领海沿岸所有港口。中国航业备受战火摧残，被迫将船舶转移境外或撤入长江，到1939年，进入上海港的中国船舶仅55艘，1.1万总吨，其吨位仅为1936年的0.2%。这就带来了一系列严重后果，从而促使上海港从半殖民地港口向殖民地港口转化。

当时，上海被分成日军占领区和租界（当时被称为"孤岛"）两大区域。大量居民纷纷逃入租界避难，使租界内人口由1936年的167万激增至450万。上海外埠工厂也相继迁往租界和沪西一带，形成新的工业区域，1938年底，"孤岛"内的工厂已达4700余家，超过战前两倍以上。随着战场西移，上海经济又逐步得到恢复，"孤岛"内的工商业和对外贸易更出现了短暂的畸形繁荣，不仅与沦陷区、国民党统治区继续保持经济联系，而且与香港、仰光及东南亚地区的外贸往来也相当活跃。

在"孤岛繁荣"刺激下，上海的航运业也曾一度兴旺。

当时，日本同中国并未正式宣战，日军无权阻止第三国船只进入中国领水和港口。而西方各国在中国享有海关管理权、沿海内河航行权，可继续从事外贸运输活动。与此同时，日本在侵华战争初期要对英美等国作出"友好"的姿态，只好容忍这些国家的船只继续在中国沿海航行。

1937年9月至1938年底，欧美在华航运业务发展颇为迅速。英商怡和、太古两公司率先投入船舶11艘，恢复南北洋航线。到1938年1月，欧美轮船已在南北洋和长江航线全面复航。由于中国沿海口岸秦皇岛、天津、青岛、烟台、厦门、广州相继沦陷，为了打通沿海物资进出通道，国民政府从1937年10月至1938年10月先后将浙江、福建、广东三省的36个小港辟为对外通商口岸，外轮纷纷获准行驶上海至定海、海门、崇明、启东、南通等航线。据不完全统计，外轮在南北洋和长江航线行驶的船只共达51艘。

因战争影响，上海的外洋航班曾一度停开，到1938年2月才逐步恢复。1939年上海港外籍船舶运量为69.9万吨，已大体达到战前水平，上海港保持了中国第一大港的地位。

随着国内外航线的恢复，除太古、怡和、北德意志、亨宝、大英、昌兴、意邮、法邮、渣华等公司维持营运外，上海又新出现了大批欧美航运公司，其中大多是接受中国航业转移国籍的海轮而成立的。到

1938 年 10 月，上海新成立的欧美轮船公司已达 10 余家，分属 9 个国家，以英商最多，葡、意、德、希腊居后，美、加、荷又次之，共有船 100 余艘。外国航运企业的恢复与发展，是上海"孤岛"海运畸形繁荣的重要表现，是在特定条件下出现的异常现象。

欧美航运企业在上海重新聚积和扩充力量，引起了日本的关注。日本一向把上海视为远东航运中心，1936 年在上海设立航运公司（或分公司）14 家，加上代理行共 25 家，航运总投资约 1780 万日元。日本全面发动侵华战争后，除加强对沦陷区航运的控制外，也加紧了在沿海航线的扩张活动。1938 年 2 月，日清公司派"唐山丸"行驶上海、青岛、天津、大连航线。为了巩固航运垄断地位，日军对非日籍船舶的活动进行限制、排挤和打击，采取在港口敷设水雷，用沙石与民船作封锁线，寻衅扣留商船甚至开枪射击等手段，阻止非日籍船舶出入沦陷区各港。从 1939 年起，凡英美等外国船舶进入中国大小港口者，日本海军一概予以阻拦、检扣、掳掠和炮击，仅对德、意两国船舶给予方便和照顾。据当时报纸记载，1938 年 10 月至 1940 年 10 月，日军在中国沿海阻劫外轮约 55 艘。一些外轮被迫停航，仅 1940 年 4 月 4 日滞泊在上海港的外国轮船即达 80 艘，约 40000 总吨。

战局相对稳定后，日本在上海又成立了一批新的航运垄断企业。1938 年 12 月，日本在华中的经济侵略总机关——华中振兴公司成立，在其筹划下，在上海成立扬子江轮船公司，1939 年 1 月正式营业，有船 16

艘，主要行驶长江各口岸。1939 年 9 月 7 日，日本东亚海运株式会社上海分社开始办公。其间新成立的日伪航运企业还有日支轮船公司、中华轮船股份有限公司等。日本航业由于享有种种特权和巨额津贴，同时又以军方为后盾，故发展极为迅速，1939 年初，进出上海港的日本船舶艘数与吨位超过英国而居首位。到 1940 年，进出上海港的日本船舶达到 1518 艘次，482 万总吨，远远高于英、美两国。

但是，这种"孤岛繁荣"只是短暂的一瞬。1940 年下半年，日军逐步控制"孤岛"，上海航运趋向低潮，同年 6 月份进出口运量仅 81.5 万吨，不及沪战爆发前（1937 年 6 月）的一半。1941 年 12 月 8 日，太平洋战争爆发，日军立即侵占上海英、法租界，没收了怡和、太古、大英、天祥、昌兴等外国公司在上海及沿江各埠的轮船、码头、仓库等航产，外轮除被日军没收或捕获外，亦有不少自行凿沉，仅怡和、太古在香港便各自凿沉船只 4 艘。1942 年，上海至南洋、欧美的班轮及从上海开出的其他国际班轮全部停航。到 1943 年 9 月，上海港已无一艘非日籍外轮的踪迹，港口从"孤岛繁荣"变成了极度萧条。

铁蹄践踏龙江悲鸣

东北地区是最早被日本帝国主义侵占的地区。东北地区水运被日本统治的时间长达 14 年，所遭受的灾难特别深重。

1931 年九一八事变后，日本侵略军迅速侵占了东北全境。次年 3 月，伪满洲国成立。日伪悍然宣布将东三省的港湾、船舶、河川、湖泊全部收归"国有"，接受了原东北联合航务局等企业的全部航产，在伪满交通部内设水运司，统一管理水路、港湾、船舶、航标及有关水运行政的一切事务。从此，黑龙江航运沦为日本进行殖民统治的工具，处于被践踏、被奴役的悲惨境地。

1933 年 2 月 9 日，日伪政权同日本侵华垄断企业南满铁道株式会社（以下简称满铁）签署《松花江水运事业委托契约》，将松花江的船舶运输、码头装卸业务及其附属事业、设施等均委托满铁经营。3 月 1 日，满铁在沈阳设铁路总局，兼管北满水运事宜。同时设哈尔滨水运局，日本人小泽宣义兼任局长，其管辖区域包括松花江、嫩江、乌苏里江、黑龙江、额尔古讷河及其支流，控制了这一水域 40% 的运力。4 月，日方组织哈尔滨航业联合会，强令私人船主加入，未久又组成帆船航业公会，集中管理私有帆船。当时东北地区共有此类航业公会 9 个，至此，这一水域的所有运力已全部操纵在日本侵略者手中。同年 6 ~ 7 月，日伪撤销哈尔滨水运局，在营口、丹东、哈尔滨三地分设航政局，行使水运行政管理、法规监督等职权，同时兼管航业联合会。

日本在东北的殖民统治长达 14 年，它利用黑龙江航运，疯狂掠夺东北资源，以便实现所谓"产业开发五年计划"和"北边振兴计划"。掠运的物资以煤炭、木材、沙金、食盐、大豆及杂粮为大宗，一般经水路运往哈尔滨、佳木斯两地，然后再通过佳木斯—图们铁路、哈尔滨—拉法铁路经朝鲜转运回日本；或由哈尔滨南运至大连，再转运中国沿海或东南亚，为太平洋战场的日军提供各类军需品；或入山海关运往中原各地，以接济侵华日军。

据统计，日伪时期黑龙江水域共有船舶300余艘，约12万吨。日伪政权抽调159艘船只（其中机动船40艘，驳船119艘）用于军事运输，约占总运力的50%。其余船舶主要在松花江中下游区段及黑龙江等河流上从事商货运输，1931～1943年东北内河共完成货运量1042.6万吨，后因铁路分流等原因，水运量有所减少，但每年仍达80万吨左右，加上军运量每年约27万吨，日伪时期东北年水运量不少于100万吨。

1945年日本宣布无条件投降，在铁蹄下苦苦挣扎的黑龙江航运获得新生。

五 战后航运畸形发展海员工人奋起斗争

 声势浩大的复员运输

1945 年 8 月 15 日，日本宣布无条件投降。国民政府立即部署复员还都，长江航线顿时出现"客运颇形拥挤"的局面。军政人员急待重返京沪，难民急须返归故里，学生急于返校就读，商人急需外出贩运，还有急待遣送的日俘日侨，一时客流量骤增。这次人员、物资的大规模沿江东下，为期 15 个月，时人称之为"复员运输"。

因历经战争摧残，运力奇缺，全国仅存船舶 8.068 万吨，而长江航线只有轮船 738 艘，4.7 总吨，不及战前的 1/6 到 1/5。在长江区航政局统一筹划下，各航运企业打捞、修复或新造了一批轮船和木船，并对一批战时入川的大轮妥善保养，以应急需。

1945 年 9 月 8 日，民生公司"民权"轮作为还都专轮离开重庆，"民熙"轮则于 9 月 15 日由宜昌驶抵汉口，拉开了复员运输的序幕。9 月 25、27 日，招商局"江汉"、"江顺"两轮从重庆分别驶往汉口、南京。三北、大达等公司也相继派轮驶出川江。

与江轮大量出川很不适应的是缺乏集中统一的协调、指挥系统，战时运输管理局和后方勤务总司令部各自成立水运指挥机构，互不统辖，时生抵牾。为统一办理复员运输事宜，行政院命交通部于1945年12月1日成立全国船舶调配委员会，刘鸿生、卢作孚分任正副主任委员，徐学禹任秘书长。总会设于上海，在沪、汉、渝三埠设分会，沿江沿海各埠设办事处。为保证复员运输的顺利进行，长江区航政局1945年10月1日在汉口恢复办公，并陆续恢复或设立镇江、南京、芜湖、九江、长沙、宜昌、重庆、宜宾等分支机构。沿江海关及所属江务机构也陆续恢复原有建制。

从1945年9月开始，招商局、民生公司、三北等航运企业也陆续恢复总局（总公司）及沿江分支机构，派船参加复员运输。到1946年初，长江航运原有体系已大体恢复，并组建了一些与复员运输相适应的临时机构，如航业复员委员会、复员运输委员会、消除沉船委员会等。

影响复员运输的另一因素是抗战期间遗留在长江的大量水雷和沉没的商船、军舰。1945年9月1日，国民政府海军召开会议，专题研究长江复航相关事宜，会议决定：石牌至宜昌三游洞的川江水域扫雷工作由中国海军负责；三游洞以下至吴淞口水域的扫雷事宜责令日本海军负责；另由江务部门查清沉船等碍航物的位置并设置相应助航标志。11月，宜昌至汉口段设标告竣，全线航标设置未久也全部完成。12 月，全线水雷已基本排除。

打捞沉船的进度要缓慢得多。国民政府战后虽两次颁布打捞沉船办法，均因财政拮据等原因而未见实效。但民间却对打捞沉船表现出很高热情，仅湖南一省即通过自捞自修、航商筹款及国际贷款打捞修复沉船 140 艘。沿江其余各省也自行打捞了一些沉船。

到 1946 年 3 月，长江干支流已基本具备通航条件，通航里程也恢复到战前水平。在此基础上，复员运输如火如荼，各公司船舶纷纷顺江东下，轮、木、驳各类船只竞发，川江和长江中下游各港呈现繁盛景象。1946 年上半年，复员运输大体完成，全国船舶调配委员会奉命于 1946 年 6 月 30 日结束，7 月 1 日停止办公，沿江沿海有关船舶调配的未了事宜统由招商局接办。

战后接收敌伪航产

中国人民经过艰苦卓绝的英勇抗战，终于取得了抗日战争的伟大胜利。

日军投降后，将大量船舶撤回本土，并对在华港航设施进行了疯狂破坏。由于时间仓促，日本在华航业与军事机关仍有 30 万吨船舶未及撤走或破坏，并留下一批码头、仓库等不动产。

抢夺抗战胜利果实是国民党政府的既定方针。急于复员还都的国民党当局，十分担心敌伪船只落入在敌后坚持抗战的爱国军民之手，1945年8月中旬匆忙通知日方，将长江航线所有船只集中于沙市、宜昌，沿海船只集中于上海，听候接收；同时命招商局起草《接管敌伪船只办法》12条，由交通部核准后执行，并报陆军总司令部备案。9月在沪成立航业接收委员会，开始大量接收敌伪船舶。10月，成立京沪区航业整理委员会。上述机构分别由招商局负责人刘鸿生、徐学禹、沈仲毅等主持。经招商局同敌伪产业处理局商定，所有敌伪航产均由招商局统一接收。不久，国民党政府命招商局直接主持上海敌伪产业处理局，其职权范围包括苏、浙、皖、沪、宁五省市。各地军政机关接受的敌伪航产，一律交招商局接管。

据交通部1946年8月委派会计师结算，招商局经手接收的敌伪船只占国民党政府接收敌伪船只总数的82.3%。到1946年底，该局共接收大小船只2300余艘，24万总吨，这些船舶分别以留用、发还原主、标卖、出租等方式进行处理，其中留局自用船只570艘，近9万总吨。此外，该局还接收或收回了大批航产，其中包括码头34座，总长1.5万余英尺，仓库167座，总容积2300余万立方英尺，地产4300余亩，敌伪船厂11家等。

国民党政府十分重视招商局接收敌伪航产一事，蒋介石、宋子文频繁给招商局发出函电，亲自进行指挥，严令各地军政机关密切配合招商局的接收行动。当局派出大批宪兵协助接船，其中千吨级以下江轮派宪兵2人，千吨级以上派宪兵4人，海轮派宪兵6人至 10 人，此外，当局特准招商局可授权船长以军事长官身份同日伪人员办理交接手续。据 1946 年 8 月结算，招商局留用或代管的敌伪船舶折合美金 331 万元，成为战后招商局官僚资本急剧膨胀的重要原因一。

招商局接收并处理敌伪船舶，为局内外一小撮人提供了大发横财的好机会。原业主急于收回船舶，被迫给当事人送厚礼。招商局在标价让卖或承租部分敌船时，一些人更是上下其手，从中牟利。同招商局多少有些关系的军阀、名流与奸商，都趁机办起各种轮船公司，以便以这些公司的名义承领船只，如军阀顾祝同、上官云相、汤恩伯等，各自派部属或副官出面创办公司以便领购船只。上海闻人杜月笙神通广大，一些商人经他打通关节领到价廉物美的轮船。招商局主管者及其亲朋故旧，更视处理敌产为近水楼台，或多或少从招商局捞到了一些便宜船舶。据统计，招商局 1946 年标卖、出租敌船 815 艘，4.3 万余总吨，大都落到了上述达官贵人和关系户手中。

实际上，当局并无能力在短短一两年时间内接受和处理数十万吨船舶，既缺乏驾驶人员，管理也无法跟上。有些船只特别是一些小轮在接收时已敝旧不堪，仅少数船只被略加修理，其余小轮均弃置于江海港湾之中，任其朽败飘零，造成了运力的极大浪费。

除招商局外，民营航业也收回了少量航产。抗战期间，民营航业共损失船舶 206 艘，296250 吨。战后仅剩江轮 58738 吨，海轮则荡然无存。34 家民营轮船公司组成战时损失赔偿委员会，向政府提出赔偿要求。

中国政府根据公私船舶所受损失情况，于1947年向日本索赔53万吨船舶的要求，遭到以美国麦克阿瑟为首的驻日盟军总部的阻挠，交涉未获任何结果。此后，中国驻日赔偿及归还委员会向驻日盟军总部提交战时被掳110艘船舶名单，而盟军总部复函称，经查复仅40艘，其中29艘沉没，另11艘搁浅、失踪等。日方实际交还的仅"隆顺"（800吨）、"和顺"（900吨）、"建泰"（400吨）、"海南"（1500吨）4轮，共3600吨，仅及日本应当赔偿数的0.68%，对其余船舶，均借口"不知下落"，不予交还。

大量购买外国船舶

由于战争摧残，运力极为缺乏，如长江仅有轮船378艘，4.7万吨，不足战前的1/5到1/6。当时中国造船工业基础相当薄弱，无力制造大量优质商船，仅靠战后接受的敌伪船舶难以满足需要，致使运费高昂。于是在高额利润刺激和驱动下，一些官僚、商人纷纷把资金投入航运市场，出现了向国外买船的热潮。

据不完全统计，中国战后向外国购船共达62.9万吨。招商局所购船舶居公私航业之首。早在抗战胜利前夕，该局副总经理魏文翰前往美国洽商购船事宜，由华盛顿中国物质委员会主持其事。战后招商局经驻美物资供应委员会向美国购买的第一批船舶系澳菲旧轮（即大湖轮），1946年1月19日，第一艘澳菲旧轮驶抵上海，后更名"海苏"。4月27日，第一艘N—3

型货轮"海和"抵沪。接着，招商局又向美国购买一批大小油轮，并向美军商租自由轮10艘，后出价550余万美元向美方购买了这批船只。12月初，中国驻美大使顾维钧同美国有关当局签订了购买又一批剩余船舶的合同草案，于12月13日经行政院院长宋子文批准生效。随后，招商局向加拿大订购的B-type货轮与Grey-type货轮陆续到沪交船。与此同时，招商局又向美军国外物资清算委员会购买剩余船只，其中有坦克登陆艇5艘与中型登陆艇10艘，分别投入长江上游与沿海航线的营运。此外，还购买了怡和洋行"源生"轮（改称"海厦"）。

1946～1948年，是招商局购买外国船舶的高峰时期，截至1948年6月，已累计购买外国船舶144艘，30.2万总吨，达到战后购买外国船舶的最高峰，其中包括自由轮（原名Liberty Ship）10艘、澳菲旧轮16艘、N—3货轮10艘、B-type货轮7艘，特快客轮3艘、Crey-type货轮3艘、坦克登陆艇5艘、中型登陆艇12艘、大油轮4艘、小油轮16艘，以及大量远洋拖轮、中小客货轮、拖小轮、铁驳、木驳、机帆船和各种特种船只等等。购进这些不同吨位、不同船型、不同用途的船只，为招商局建立一支所谓"伟大的商船队"奠定了基础。"剩余船舶"吨位占招商局船舶总吨位的73.8%，构成了该局船舶的主体。

国外船舶的质量参差不齐，有些船只如N—3货轮、B-type货轮以及格莱型货轮等，系1944～1946年建造，被称为"性能最佳"的"最新船型"，功率较大，吃水适中，航行范围亦较广。但多数质量并非上乘，如澳菲旧轮，船龄已逾20年，船壳腐锈斑斑，机器陈旧，速率低，油耗大，吃水深，多数港口均不能驶入；又如快速客轮、坦克登陆艇、中型登陆艇等，原系军用船只，速率虽较快，但舱位容量小，燃料消耗大，载货载客量非常有限。这些船艇实际上并不适宜于搞运输，苟遇风浪，即剧烈颠簸，船身也常常变形。从整体上看，购买外国船只虽使招商局的运力得到较大加强，但也使该局背上了沉重的包袱。

民营航业战后也从国外购入了大量船舶，从1946年5～1947年12月，民营公司从国外购买、到达上海港的船舶共144艘，326570吨。这些船舶大多来自美、巴（拿马）、英、加、澳、挪等国，耗资超过3200万美元。其中购买外轮超过万吨的有民生、中兴、中国航运、益祥、华商、上海实业等6家公司；购船1万吨以下、5000吨以上的有三北、太平洋、中国植物油料厂、海鹰、中元、太平等6家公司。

民生公司购买的外轮数量居民营航业之冠，1944～1945年，该公司总经理卢作孚多次飞赴美国、加拿大，洽商借贷买船事宜，1946年与加拿大两家船厂签订总造价1300万加元的造船合同。1948～1949年底，6艘小船（"夔门"、"祈门"、"龙门"、"剑门"、"荆门"、"石门"）和3艘大船（"虎门"、"玉门"、"雁门"）先后竣工，相继驶回长江与香港、上海，这就是引起巨大轰动的"门"字形轮船，均以中国险关隘口命名，其意味深长，喻示民生船队如同屹立在江海的"边关要塞",将御外强于中国水域之外。9 艘轮船共 1.5 万总吨,分别长 160～270 英尺,功率为 2400 马力和 5000 马力,为当时国内最先进的船舶,设计新颖,性能良好,船壳为双层,水线以下船体材料为特殊钢板,水线以上则用铝材,船只质量好,重量轻,适航于各种水域。此外,民生公司还筹资 200 余万美元,在美国、加拿大购买了约 20 艘"剩余船舶",近 3 万总吨。后又与金城银行合作,在美国购买了 3 艘海轮,组成太平洋轮船公司。到 1949 年底,民生公司共有船 96 艘,7.25 万吨,13.3 万马力,船舶总吨位达到巅峰。

其间,军政当局还将接收的敌伪船只和购买的外国船只对外标卖,1946～1947 年,宁沪、武汉两区共标卖船舶 967 艘,6 万余吨。一些军政要员、社会名流和各地富商趁机承领或购进船只,创办了一批新的轮船公司。1946 年初,前军长梁芹舫承购轮船 21 艘,设立长江轮船公司,为长江中游最大商轮公司。1948 年 6 月,由 19 家民营航业联合组建的上海复兴航业公司,利用政府赔偿金 360 万美元,从美国购买"剩余船舶" 11 艘,8 万余总吨,成为战后创办的最大的一家民营航运企业。据统计,1946 年底长江水域共有民营航运企业 247 家,轮船 1129 艘,16.8 万总吨。

民营航业在购买外国船只过程中历经曲折和艰辛。由于国民党政府执行歧视民营航业的政策,加上派系势力纷争恶斗,衙门风气极浓,文牍主义盛行,对民营航业买造船只百般阻挠,遇事久拖不办,以致延误购买时机,造成巨大经济损失。例如,行政院院长宋子文迟迟不肯为民生公司贷款购船作担保，致使该公司拖延合同约一年，被迫追加船价80万加元，而造船数量由12艘减至9艘。除民生、复兴两家公司外，其他民营公司因财力所限，购买的大多为旧船，船龄一般为20～50年。例如，中兴公司所购9艘海轮中，有1艘造于1899年，6艘造于1910～1919年，只有两艘船分别造于1925～1926年，均接近或超过当时航政部门规定的购置旧船最高船龄。这对船舶的航行安全、使用年限和技术性能，均有不利影响。

4 急剧拓展远洋航线

战后江海运输一度出现过短暂繁荣。据航政部门1948年统计，全国共有轮船3830艘，1159897总吨，分别比战前增长10.7%和101.4%。另据全国轮船商业同业公会统计，1948年全国有航运公司116家，其中运力超过2万总吨的公司有招商局、中国油轮公司、复兴航业公司、中兴轮船公司、民生实业公司、益祥轮船公司、台湾航业公司及中国航运公司等8家。

从事远洋运输的主要有招商局、中兴、益祥和中国航运四家公司。1947年3月，四公司合组海外航务联营处，远洋总运力超过10万吨，由联营处统一调度、统一配载。这是中国远洋航运事业取得的前所未有的重大进展。

招商局在远洋运输方面最具实力。1946年，该局筹辟国际航线，分别在海防、曼谷、仰光、马尼拉设立了代理处，并派轮驶往冲绳，运输日本赔偿中国的战争剩余物资。

1947年，招商局按照交通部"业务方面应多向发展国际航线，争取南洋市场"的指示，对营业方针作了重大调整，相继开辟多条海外航线。1月3日，"海列"轮抵达暹罗运米，当地侨胞极为兴奋。1月底，"海厦"轮也加入中暹航线，从上海经汕头、香港驶抵曼谷。2月12日，"海天"轮从上海直放加尔各答，中印航线得以开辟。2月27日，"海地"轮开航关岛，相继到达门司、八幡等地，受到当地官员、经济界人士及华侨的欢迎。3月21日，"海黔"轮加入中印航线，途中停靠香港、新加坡等埠。在此之后，招商局相继开辟的外洋航线计有：上海—曼纳斯线，5月8日开航；上海—荻宁岛线，5月23日开航；香港—新加坡线，6月18日开航；上海—神户线，6月19日开航；上海—马尼拉线，7月17日开航；上海—芬起海文线，10月5日开航。此外该局还先后派船试航夏湾拿、阿根廷等地。到1948年8月，招商局共经营远洋航线10余条，沿海航线11条，长江班轮航线5条，其业务呈畸形增长之势。据1945年9月至1948年统计，共完成客运量745.8万人次，货运量714.3万吨，分别比战时增长几十倍到数百倍。

但是，在这种高速发展的背后，却隐藏着许多危险因素。当时，招商局凭借因接受敌伪航产和购买外国船舶而急剧膨胀起来的巨大运力，迅速把航线扩大到东南亚、南亚、大洋洲、太平洋诸岛、北美洲及南美洲各地，这样做的本身就带有很大盲目性，招商局的船舶运输能力、驾管人员的素质以及企业管理水平都同这种飞速发展的轮运业务极不适应。1948年，由于国内政治形势急剧变动，国民党的统治面临全面崩溃，财政经济亦濒临绝境，招商局的轮运业务顿时陷入困境。该局1948年6月22日写给交通部部长的信函中承认，轮运已出现四大难题：军运繁重，客船太少，燃料不济，运价不敷成本。这里讲的大体是实情。招商局已无力继续增辟远洋航线，只能勉力维持南中国海、印度洋及太平洋岛屿各航线业务。从同年下半年开始，江海运输和远洋运输均进入停滞与萎缩状态，仅在南亚（如卡拉奇等埠）开辟了少量新航线。1948年底到1949年初，招商局轮运业务进一步收缩，外洋航线已基本停开，北洋业务大体结束。到4月份，长江中上游业务也已完结。航线逐渐缩至南洋一带，仅台湾航线一直维持到1949年5月。

在远洋运输方面较具实力的还有1946年8月成立的中国航运公司，其前身是董浩云等于1936年发起创办的中国航运信托公司。战后购买"天行"、"昌黎"等7艘轮船，约4万总吨。除不定期航行国内沿海港埠外，另辟多条远洋航线，1947年8月4日派"天龙"轮从上海驶往南库页岛承运新闻纸，远涉太平洋、大西洋，于10月28日抵达法国多佛尔港，创中国轮船战后远洋航行新纪录。同年冬，该公司又派"昌黎"、"唐山"等轮航行日本、印度、缅甸、泰国、锡兰、印尼、马来西亚、菲律宾等国家。1948年2月25日，

"通平"轮从上海港出发，于4月底驶抵美国旧金山。

在中兴煤矿营业处基础上扩建而成立的中兴轮船公司，战后陆续添船14艘，3.5万总吨，主要航行沪青、沪台汕等航线。1946年7月创办的兴祥轮船公司，自有货轮6艘，34962吨，同时代理同业船只8艘，经营沿海、远洋不定期货运业务。

民生公司1946年4月决定将业务重点从川江向长江中下游和沿海转移。8月，"民众"轮由上海驶台湾基隆，为民生公司经营沿海航线之开端。10月，又辟基隆至天津线，后陆续将航线拓展至海防、曼谷、菲律宾、新加坡、日本等地，并在天津、青岛、广州、台湾、香港等地设分支机构，海轮吨位已占公司船舶总吨位的67.4%。

中国远洋运输的短暂繁荣犹如昙花一现。第二次世界大战后，世界政治、经济形势发生了重大变化，国际航运市场早已被几个海运大国所瓜分，外国轮船公司垄断了上海等港口的远洋运输，中国航业难以占据一席之地。国内形势也对远洋运输的发展极为不利，国民党政府推行内战、独裁政策，社会经济状况日趋恶化，通货恶性膨胀，生产急剧萎缩，远洋运输不可避免再次跌入低谷。随着1949年国内形势的剧变，远洋航线已大都停航，或从东部沿海转移到港澳地区。

 建立垄断航业体系

鉴于国民党统治区的财政经济已濒临绝境，行政院遂于 1948 年 3 月 12 日作出"出售"国营企业资产的决定，3 月 30 日又公布了《出售国营事业资产充实发行准备办法》，决定出售招商局等 5 家国营企业资产，用美元估价，据此发行股票，其中一半交中央银行保管，一半由中央银行作为货币发行准备基金或向市场出售。8 月，国民党政府决定改法币为金圆券，并正式对外公布将"出售"招商局。这一消息立即激起一片反对和抗议声，国民党政府慑于众怒，决定暂缓出售招商局，并变换花样，宣布将该局改组为股份有限公司，资本总额定为金圆 6 亿元，分 600 万股，其中半数移充金圆券发行准备金，其余半数由中央银行按照票面金额十足发行。

经交通部、工商部核发新执照，招商局轮船股份有限公司于 1948 年 10 月 1 日在上海正式成立，这是官僚资本在招商局发展到顶点的重要标志。拥有大小轮船 466 艘，404144 总吨，各地码头 68 座，总长 31720 英尺，趸船 13 座，地产 5146 亩，仓库 233 座，总容量 80 余万吨，再加上车辆、机器及其他各种设备、材料等，资产总值约 1.5 亿美元。员工 1.5 万余人，营运范围包括中国江海、东亚、南亚、南北美洲和太平洋诸岛，共有国内外分公司（办事处、代理处）43 个。

据《上海商报》等报纸披露，招商局股票受到商人空前广泛的抵制，发行"景象颇为凄惨"，从 1948 年 9 月 11 日至 11 月 8 日，只售去股票 4 万余元，财政部国库署则声称已售出 5.45 万元，两个数字仅分别为预定售出总额的万分之一点三和万分之一点八。持股者均为政府部门和招商局各级负责人员，全部"股东"一共才60人，且没有任何一名商人股东，为古今中外所罕见。事实表明，改组为股份有限公司，对招商局所有制基础没有任何触动，"国营"性质没有任何实质性变化，它仍然是不折不扣的官僚资本主义企业。

招商局实力为各航运公司之冠，1947年，其船舶吨位约占全国船舶总吨位的40%。另据当年全国轮船商业联合会调查，招商局登记的船舶吨位占该会船舶总吨位的36.14%，在沿海与长江航线确立和保持了垄断地位。

招商局凭借国营公司的特殊政治地位和官僚资本的雄厚经济实力，以空前的速度和巨大的规模广泛向外渗透。1947年1月成立的台湾航业公司是招商局战后参与创办的第一家航运企业，资本为法币100亿元，其中台方占60%，局方占40%，在基隆、高雄、上海、厦门、福建设5个分公司，花莲港设办事处，逐渐开展了各项业务活动。

中国油轮公司是招商局战后投资组设的最大的专业轮船公司。1946年2~5月间，国民党当局向美国购买万吨级油轮4艘和T1—M—AI型油轮（1400吨级）18艘，经蒋介石批准分配给中国石油有限公司与招商局使用。双方在9月23日呈请行政院，要求仿效欧美各国成规，合组油轮有限公司，专司石油产品运输，资本总额为法币300亿元，中国石油公司占60%，招商局40%。

1947年2月1日，中国油轮公司在上海成立，其业务逐渐扩展，1947年3月设立台湾分公司。8月，行政院令该公司改归资源委员会管辖，资本由3家分摊，其中资源委员会占34％，中国石油公司与招商局各占33％。到1948年9月，招商局在这家公司的股本总额达到法币264亿元。

招商局战后投资的范围非常广泛，数额也很庞大。除上述公司外，招商局拥有股本的企业还有正报、商报、中央日报、长华保险公司、远东打捞公司、中国航联保险公司、中国塑像公司、广东实业公司等，投资总额达1202亿元，其中在航运界的投资为1200亿元，占总投资的99.8％。

招商局通过多条渠道、多种形式加强同其他航运企业的联系，巩固自己在航运界的垄断地位，先后参与组建济运联营处、全国轮船商业联合会、海外联营处等机构，并均在其中充当盟主。

招商局的飞速发展是以牺牲民族航业的利益为其代价的，它依仗四大家族官僚集团所给予的大量特权，不断巩固和加强已把持多年的垄断地位，它在中国航运界的实力已到登峰造极的地步。

反对出卖航权斗争

还在1943年1月11日，中国政府与英、美两国政府曾分别在重庆、华盛顿签订新约，废除近百年来外国根据不平等条约所取得的权益，其中包括内河航行权、沿海贸易权、军舰驻泊权、海关行政权等。

中美新约共 8 条，其中有关航权的条款规定："美国放弃关于内河航行与江海贸易之特权，以及美国军舰迄今在中国领水所享有之特权。"中英新约共分 9 条，涉及航权的内容包括：英国政府"放弃在中国通商口岸制度下之一切现行条约权利"；"放弃关于在中国领土内各口岸雇用外籍引水人之一切现行权利"；"放弃关于其军舰驶入中国领水之一切现行权利"；"放弃给予其船舶在中国领水内关于沿海贸易或内河航行之特权"。此后，中国与法国、荷兰等国签订的新约，也有类似规定。中国终于收回了丧失百年的江海航权。但海关仍由美国人李度担任总税务司，行政权继续掌握在外国人手中。

抗战胜利后，在华外商轮船公司共 27 家，其力量对比发生了重大变化。德、日战败，退出中国水域。英国航业受战争破坏甚巨，实力大减，但对中国航运的垄断恋栈难舍，力谋卷土重来，太古、怡和两洋行均不肯依约转让或出售在中国的轮船、码头，伺机复航。而美国航业在战争中损失甚微，战后又恰逢发展良机，在华航业遂跃居首位。

1946 年初，联合国善后救济总署提出租用英轮悬挂英旗装运救济物资来华，中国政府令驻英大使顾维钧于 1946 年 1 月与英方签订租赁怡和、太古两公司 35 艘轮船运输救济物资、为期 6 个月的租约。此约一签，舆论大哗。由于航业界的强烈反对，所租轮船只来 8 艘，此约至同年 7 月期满结束。1946 年 10 月和翌年 10 月，英国商务考察团与议会访华团先后来华，试探中国可否开放内河航道，均未能如愿。

美国亦假借运输救济物资之名，建议中国开放南京、汉口等内河港口。1946年3月，国民党政府以尽快疏运援华物资为由，宣布暂行开放长江，准许外国船只在南京、芜湖、九江、汉口四个口岸航行。上海江海关于同年3月31日颁布第39号通告，允许承运援华物资的外国商船在长江港口之间载运货物与旅客，期限一年。这是变相地再度放弃内河航行专有权。6月5日，国民党国防最高委员会通过行政院院长宋子文关于准许外轮停泊长江四口装卸货物的提案。

上述通告、议案一经传出，立即激起了全国人民的极大愤慨，航业界人士更是痛心疾首，纷纷联名上书反对。1946年6月21日，上海市轮船商业同业公会致电国民党政府，要求"撤销开放内航权原议"。未久，全国轮船商业同业联合会公开发表"反对开放南京、汉口等内河港口理由书"。7月，上海市商会、中国海员工会等八团体联名向交通部发出快邮代电，"吁请撤销开放京、芜、浔、汉四口"，措词激烈而恳切。

宋子文见各方反对甚烈，于1946年7月3日亲自到上海航业界进行斡旋。航业界人士指出，我国现有商轮50万吨，达到战前水平，其中长江线有20余万吨，150艘以上，已供过于求，无开放内河之必要。宋虽一度坚持京沪两口必须准许外轮停靠，但迫于强大的社会舆论压力，行政院终于收回成命。上海江海关亦于 8 月废止了第 39 号通告。

英、美两国竟然置中国人民的反对于不顾，继续推动长江四口对外开放。1946 年 9 月，联合国善后救济总署远东区委员会在中国举行会议，美国代表公然提出，联总中国分署应与中国政府签约，允准中国租用的外国海轮装载联总救济物资至长江四口岸。会议不顾中国代表的强烈反对，强行通过了这一荒谬提案。此举在全国激起更大抗议浪潮，国民党政府对这一提案不敢执行，救济物资改由中国商轮承运。

国民党政府为了争取美援进行内战，于 1946 年 11 月 4 日在南京与美国政府代表签订了出卖国家主权的《中美友好通商航海条约》。这一新的不平等条约使美国重新获得了在中国江海的航行权。条约共 30 条，其中第 21 条至第 24 条主要涉及航海事宜，规定美国公民在华有与中国公民一样的居住贸易、进行经济活动的同等权利；"缔约双方领土间应有通商航海之自由"，美国船舶可以在中国开放之任何口岸或领水内自由航行；美国船舶（包括军舰）遇到"危难"时可避入中国"对外国商务或航业不开放之任何口岸地方或领水"。

这一条约在"平等"的幌子下，给予了美国商船、军舰随意出入中国任何港口和领水的特权，江海航权再次面临丧失的危险。条约一公布，立即激起全国人民的严正反对。11 月 10 日，《新华日报》以《反对卖国商约》为题发表社论，对该约进行了披露和批驳。11 月 15 日，全国航业公会秘书长李云良对新闻界发表谈话指出：如果政府开放内河航行与沿海航行，我航业界必断然反对。

举国上下反对《中美友好通商航海条约》的斗争，与全国反独裁、反内战斗争互相呼应，声势浩大。该条约未能在立法院完成批准手续，没有正式生效。这是国人在维持航权斗争中取得的又一胜利。

 7 商轮沦为内战工具

正当中国航业复苏之时，国民党政府悍然发动内战，众多公私航运企业又一次惨遭摧残，重新陷入异常艰难的境地。

1946 年 6 月，国民党政府发动全面内战，调集重兵进攻解放区，为此，当局竟将众多航运企业绑上战车，商轮成为最主要的军事交通工具。军方先后在南京设立联合勤务总司令部水运办公处、首都卫戍司令部江防委员会，在上海设立港口司令部，并在江海各埠设立类似军运机构。

招商局是最早承担军运任务的企业之一。早在 1945 年底，国民党陆军总司令部即决定，由联勤总部租用"江汉"、"江新"、"江安"、"江顺"等四大江轮投入军运。接着，又经蒋介石批准，自 1946 年 1 月 1 日起，招商局将轮船 11 艘拨租给陆军总部，"专作军事运输之用"。同年春，上海港口司令部在招商局成立军运小组，对局中大小事务均可插手干涉。其后，9 艘局轮被指定为运兵专船，而实际随时征调应差的船只常达几十艘。截至 1946 年 6 月，应差船舶达 63 艘，举凡官兵、马匹、粮草、弹药、车辆、大炮及其他军事物资，皆在承运之列。从 1945 年 9 月至 1949 年 5 月，累计运兵 342.4 万人次，运输军需品 154.2 万吨。军事当局反复强调，对军运"必须以随到随运为原则"，"应予最优先配运秩序"。在当局高压下，招商局被迫大量抽调运力优先安排军运。总经理徐学禹承认，参加军运的船只"几占十之八九"。据历年营业报告统计，军运在客运中所占比例，1946 年为 67.09%，1947 年为 56.96%，1948 年上半年为 60.76%。军运成为主要运输业务，正常的航行完全被打乱，给企业信誉和营运收入都带来极大影响。由于军差运价必须打六折至八折计算，加上军事当局经常借故拖欠甚至拒交军运费用，使招商局蒙受巨大损失。据统计，1945年 9 月至 1948 年，军运合计损失法币 18169 万亿元，占应收款的 71.3%。

国民党官兵在船上肆无忌惮，为所欲为，稍不满意，便对船员拳打脚踢。更有甚者，他们竟视船员生命为儿戏，任意违犯航行规章，以致酿成重大海事。如 1948 年 11 月，"宣怀"轮在营口应军差时，因所搭军人超载，加上客货、弹药混装，全船一片混乱，2 日凌晨，船上汽油突然起火，引起弹药爆炸，当场烧死、烧伤船员 20 人，"宣怀"轮完全被毁。此类灾难在军运过程中屡见不鲜。

大量轮船抽作军用，加上海事频仍，造成运力严重短缺，"业务几陷停顿"。特别是 1948 年 10 月之后，运力不足的矛盾更加突出，长江各埠均有大量旅客滞留待运，仅南京港滞留的旅客即达四五千人，而沪汉线只有"江宁"、"江泰"两轮勉强维持营运。12月初，当"江泰"靠泊南京时，因旅客过多，几发生惨祸。此后，没有一条江轮敢在南京停靠，南京分局只好宣布暂停舱位登记。到1949年1月初，招商局被迫取消长江线特快班。北洋航线客运紧张程度更甚于长江航线，而南洋航线连一只客轮也未能配备。因运力奇缺，致使票价飞涨，沪汉线黑市船票竟高达6万元（法币），甚至有票亦无船可乘。

民生公司自抗战胜利后，除有4艘船只被固定专作差运外，还有14艘主力船只经常被临时征调。从1946年5月15日起，国民党政府竟规定民生公司的船只，只能在渝宜间运粮，不准搭载旅客，使该公司亏损严重。1947年4月29日，民生公司在致行政院、交通部和联勤总部的呈文中指出："公司除长期差船外，各线营业船只，因时局未宁，又均常被大部征用，不仅应差损失日益严重，更致营业愈益减少。"差费收入仅及运输成本的1/5，有时甚至不敷船上润滑油支出。1945年至1949年，民生公司应差损失共达109.4亿元（法币）。军事当局还经常拖欠差运费，久催不还，民生公司只好举债度日，以致"天天借债，又天天还债"，不仅难以维持正常营运，还要蒙受因通货膨胀带来的巨大损失。在内战摧残下，民生公司业务日渐衰败，客运呈逐年递减之势，1949年客运人数仅相当于1945年的15.77%；同年货运量仅为1948年的28%，比 1945 年下降 1/10。多数投资企业生产萎缩，亏损严重。公司财务状况进一步恶化，到 1949 年已花光战时储备起来的 100 多万美元，卖掉了一些投资企业的股票和房地产，仍有大量借款无力偿还，其中包括加拿大造船等贷款 1535 万美元及其利息 38 万加元，借贷黄金 1600 两，港币 140 万元。民生公司已走向全面衰落，甚至潜伏着破产的危险。

三北、大达、大通等公司几乎所有轮船皆抽作军用，差运费不及正常货运费的 1/3，以致收不敷支，赔累不堪。正如全国轮船业公会 1949 年 3 月 5 日致政府呈文中所述："三四年来，军运频繁，不论大小船只，任何航线，无日无时不在军事动员状态之中"，各公司"不仅疲于奔命，抑且亏蚀严重，实属万难维持"。

在内战摧残下，民间商货运输再度走向萧条，客班失常，货运阻滞，市场凋零，商旅裹足，航商视为畏途，满耳嗟怨之声。各航运企业处境异常恶劣和艰难。正如《大公报》当时所评述的那样："水路军运指挥机关的一纸命令，换来了航商的千声叫苦，旅客的万声叹息。""两岸怨声啼不住，差船已过万重山。"

8 江亚惨案震惊中外

这一时期，各航运企业经营管理极度混乱，恶性海损事件频繁发生。其中死亡人数最多、损失最严重、景象最凄惨的，当属"江亚"轮案。

"江亚"原名"兴亚"，原为日商东亚海运株式会社所有。1946 年被中国接收时，船龄未及 10 年，3730 总吨，长 340 英尺，吃水 14.3 英尺，马力 2500 匹，时速 12 海里。战后一直行驶沪甬线，1947 年曾进行改装，增添了一些舱位，额定乘客为 2250 人。这条船一向管理混乱，曾多次发生违章事件。例如，1947 年 8 月，"江亚"在甬江口下白沙附近同机帆船险些发生碰撞。但均未引起有关方面的警惕和重视。

沪甬线客运十分紧张，仅有"江亚"、"江静"两轮对开，致使旅客拥塞。1948 年 12 月初，"江亚"轮开航宁波的船期预告一公布，旅客立即蜂拥抢购，秩序大乱，旅客严重超载。12 月 3 日，"江亚"驶离上海时，乘客总数达到 2607 人，加上船上员工 191 人，共达 2798 人，超载 500 余人。招商局主管对航行安全表示担心，特派经验丰富的甲级船长沈达才担任领航。船驶抵吴淞口外白龙港附近时，突然霹雳一声巨响，船身剧烈晃动，瞬间驾驶台一片漆黑，船尾火光冲天，行李四处乱飞，旅客、船员喊声震天，争相逃命，场面已不可收拾。只见第三货舱后部右边离烟囱几丈远处，被炸开一个宽约两丈的大缺口，海水大量涌入，船身很快下沉，仅几分钟海水已漫过最高甲板。虽经友船奋力抢救，但还是有 1000 余人成了水下冤魂。

事件发生后，海事法院和海军专家进行了实地调查，并派潜水员仔细检查了"江亚"轮被炸部位。根据所获资料，专家们认为，"江亚"轮失事绝非锅炉爆炸，也非由于航线错误所致。但爆炸原因究竟是由于受到水雷攻击，还是货物内藏有烈性爆炸物，抑或其他原因，一直未能作出最后结论，竟成了不解之谜。

"江亚"轮事件发生后，因局方处理不及时，甚至当事各方相互推诿，推卸责任，激起遇难船员、旅客家属强烈不满，以致在1949年2月8日酿成一起四五百人包围招商局总局的事件。但事情并未了结。直到4月7日，国民党中央与上海地方军政当局还在开会，研究"江亚"轮被难家属的"抚恤办法"。但所谓"研究"，不过是为了掩人耳目拖延时间罢了，当然不会有任何具体结果。

 ## 9 争取实现南北通航

1949年1月，北平、天津相继解放。在战争状态下，北洋与南洋联系中断。上海航路仅剩台湾、广州一线，运输范围逐渐缩小，煤炭供应顿形紧张，工业生产和人民生活大受影响。外商试图趁机插手。英商太古公司"湖南"号轮船从上海驶往天津大沽，虽属临时与试探性质，但仍在上海航运界引起许多猜疑。

为维护航权，特别是为了解决上海地区缺煤问题，上海"船联"（即轮船商业同业公会全国联合会）于1月首先向国民党当局吁请"以面粉30万袋北运，交换煤斤10万吨来沪"，并提出派"大上海"、"唐山"两轮前往华北运煤。鉴于华东一带特别是京沪地区煤荒严重，国民党行政院于1月28日批复同意船联"建议"。

2月7日，船联向中国共产党毛泽东主席与周恩来电呈上述"建议",毛泽东、周恩来于 2 月 14 日复电,认为:"恢复华北上海间航运,以利生产之发展,极为必要。大上海、唐山两轮北驶,并派员至华北接洽,极表欢迎,此间已嘱北平叶剑英市长、天津黄敬市长准备接待。"

上海航业界一致拥护南北通航,中国高级驾驶员总会、中国航海驾驶员联合会、中国轮机师总会、中国船舶无线电员总会、淞汉区引水公会等 5 个高级船员团体,联名发表《为促请完成华北通航宣言》,要求尽快实现华北通航。

在社会各界推动下,南北终于实现通航。第一艘通航船"大上海"号于 2 月 12 日离沪赴秦皇岛,装载面粉 1 万袋,邮件 4666 包。航运界代表魏文翰、周启新等 4 人随船赴秦,后转赴天津,先后与黄敬、叶剑英及华北人民政府副主席薄一波等进行商谈,就恢复南北通航及具体实施办法达成一致意见。3 月 5 日,魏文翰等随船返回上海。

在战争状态下实现南北通航,殊属不易,其意义远超出缓解华东缺煤状况本身。此举受到社会各界的一致好评,舆论指出:"国共双方关于通航的决定是一件值得称赞的措施,受惠者岂止千百万人?而航业界月余的奔走呼号,获致成就,不只造福同胞,对于航权维护厥功尤伟。"

华东航业界先后派出 11 艘轮船行驶秦申航线,除"大上海"、"唐山"两轮继续行驶外,华北人民政府又批准给"南强"、"华胜"、"裕东"、"永兴"、"太平"、"台安"、"福祥"、"华利"、"新康"9 轮颁发入口许可证。从 1949 年 2 月到 4 月 23 日南京解放前夕，进出秦皇岛港的上海船只共 90 艘，接卸上海面粉近 30 万袋，运出开滦煤炭 11 万余吨，其中运往上海 9.2 万吨，香港 2 万吨，传递邮件数万袋。

1949 年 4 月 20 日，国民党政府代表拒绝在《国内和平协定》上签字，国共谈判破裂，秦皇岛与上海之间的南北通航贸易遂告中止。

10 奋起斗争迎接解放

由于国民党政府战后推行卖国、独裁、内战三位一体的反动政策，海员生活状况不断恶化。

整个国民统治区内，经济面临崩溃，生产萎缩，工厂倒闭，物价飞涨。各航运企业虽分别采取一些措施（如发放各种津贴等）来弥补工人收入之不足，但所谓工资始终赶不上物价上涨幅度，工人的实际工资越来越低，生活越来越贫困。

特别严重的是，当军差过于繁重时，一些航运企业为压低营运成本，竟实行"勒紧裤腰带"政策，一再削减员工工薪。1946 年 5 月，招商局规定各级员工工资按现工资标准分别减低两级至六级，平均减薪11.8%～25%，将船员最低工资定为 30 元，第二年 7 月又减至 25 元。民生公司也以企业困难为由，于 1946 年初将助理员以下 800 余人的工资削减 5%～20%。而在企业内部，高级职员与普通船员之间待遇悬殊，

1946～1947 年，招商局船员最低工资仅 30 元，总经理工资达 680 元，相差 22.7 倍，且总经理还有大量非工资收入。1948 年 10 月招商局调资，总经理增薪 120 元，而船员仅增薪 20 元。

民生公司作为民营航业，职工工资更低于国营航业，据该公司 1945 年 9 月致长江区复员航管会公函称："（职员）债累深重，薪津数额均有减折，致衣服早已顶当一空。"10 月，民生公司执行"额外津贴"，但杯水车薪，无补于事，一般工人所增工资仅能购米 0.5 斗。公司职工对工资长期调整过慢甚为不满，劳资矛盾日趋激化，部分高级职员自动离职，公司内部不断出现怠工、罢工风潮。

从 1945 年 10 月至 1949 年上半年，船员和码头工人不断掀起工潮。香港、上海、汉口、南通等地的船员、码头工人相继举行罢工，大都取得了阶段性胜利。为加强对海员运动的领导，中共中央华南局于 1946 年在香港成立中共海委，江海各埠地下党组织也相继在海员与码头工人中发展党员或建立党的外围组织。从此，海员工人运动在党的领导下更加生气勃勃地开展。在国民党统治区广大人民反内战、争民主的伟大斗争中，海员工人是一支重要力量。

1948 年，中国革命即将在全国范围内取得全面胜利。中共地下党组织深入发动沿江各地航运职工，开展反劫运、反破坏和护产斗争，以实际行动迎接解放。

1948 年 11 月，中共上海航运支部正式成立，其基本任务是：发展组织，发动群众，集结力量，做好迎接解放和接管官僚航业的准备。同年底，中共上海市委决定成立上海市航业界联合会，作为航运支部外围组织，并组织起1000余人的纠察队伍，为开展护产护船斗争做好了思想和组织准备。

航运支部通过一些隐蔽的社会关系，搜集有关航运机构、官办航业的各种情况，及时提供给解放区；同时利用各种方式，加强对航业界上层人士的政策宣传工作，帮助他们打消疑虑，站在人民一边。招商局总经理胡时渊、副总经理兼上海航政局局长黄慕宗，民生公司上海区公司经理童少生，大达、大通联营处负责人徐挹和等一大批航运界上层人士、工程技术专家，在地下党组织教育下，终于认清了形势和前途，决定留在国内。一度赴香港的民生公司总经理卢作孚，在形势鼓舞和党的政策感召下，不久也毅然率船归来。

1949年初，国民党军队在战场上节节溃败，准备有组织有计划地对船舶、码头设施进行劫运和破坏。广大船员对此无不万分愤怒，勇敢、机智地开展护产护船斗争。有的船员联名致函当局，誓死拒绝迁台；有的船员设法拆卸船上机器，或集体离船，使船无法开动；有的把船开进浅滩，或打开船底阀门，将船沉入江底。

1949年三、四月间，招商局"铁山"、"国山"、"飞新"、"飞虹"、"飞侠"等10余艘港作船上的船员举行罢工，其他海轮、修船厂和码头的工人闻讯后，纷纷赶来支援。海员冲进总经理办公室，齐声高呼："不发银元，不开船！""要银元，不要纸票！""求生存，求温饱！"罢工坚持了3天，总经理胡时渊最后被迫同意工人要求，工资以当月米票折合成银元发给，海员罢工取得了胜利。

南京解放之前，当局以"应变"为借口，加紧策划船舶外逃。海员接过敌人的口号，提出"我们船员也要应变"，要求发给"应变费"，并以怠工、开小差等方式打乱敌人的劫船部署。

上海解放前夕，设在河南新乡的人民广播电台号召胡时渊等人坚守岗位，迎接解放。胡时渊等人响应号召，决心以实际行动做好护产工作，对徐学禹威胁利诱甚至挟持他们到台湾去的阴谋，以各种方式进行了抵制。

上海、南通、汉口、重庆等港埠的码头工人和招商、民生等公司的船员开展了如火如荼的护船斗争，终于使国民党当局的迁台计划严重受挫，仅上海区留存大陆的船舶就有460艘，16万总吨。这是海员反劫持、反南逃斗争取得的重大胜利。

1949年4月21日，人民解放军百万大军，利用9400余艘木船，发动凌厉的渡江攻势，1万余名船工奋勇投入战斗，一时千帆竞发，万舸争流，冒着炮火，疾驶飞渡，冲破敌军防线，直趋长江南岸，人民解放军以雷霆万钧之势，一举占领南京。依靠古老的木帆船运载百万大军强渡长江，创造了中外战争史上的成功战例和内河航运史上一大奇迹。

5月下旬，人民解放军在上海周围集结，国民党反动派阴谋在溃逃前对船舶码头进行一次大的破坏。为保护好航产，上海市港、航工人在护港护产指挥部的指挥下，编成纠察队，坚守岗位，设点联络，一处有事，八方呼应，与敌特分子展开英勇斗争，使上海港码头、仓库得以安全、完好地回到人民手中。

1949 年 5 月 27 日，上海解放。未久，福州、厦门、汕头、广州等港埠相继获得新生。历经风雨的中国航运事业，从此在人民共和国旗帜下，开始了新的更加伟大的航程。

参考书目

1. 聂宝璋编《中国近代航运史资料》第一辑（上、下册），上海人民出版社，1983。

2. 樊百川著《中国轮船航运业的兴起》，四川人民出版社，1985。

3. 彭德清主编《中国航海史》（近代航海史），人民交通出版社，1989。

4. 张后铨主编《招商局史》（近代部分），人民交通出版社，1988。

5. 茅伯科主编《上海港史》（古、近代部分），人民交通出版社，1990。

6. 黄景海主编《秦皇岛港史》，人民交通出版社，1985。

7. 程浩编著《广州港史》（近代部分），海洋出版社，1985。

8. 江天凤主编《长江航运史》（近代部分），人民交通出版社，1992。

9. 侯长纯、郑承龙主编《黑龙江航运史》（古、近代部分），人民交通出版社，1988。

10. 王志毅著《中国近代造船史》，海洋出版社，
   1986。

《中国史话》总目录

系列名	序号	书名	作者
物化历史系列（28种）	25	陵寝史话	刘庆柱　李毓芳
	26	敦煌史话	杨宝玉
	27	孔庙史话	曲英杰
	28	甲骨文史话	张利军
	29	金文史话	杜　勇　周宝宏
	30	石器史话	李宗山
	31	石刻史话	赵　超
	32	古玉史话	卢兆荫
	33	青铜器史话	曹淑琴　殷玮璋
	34	简牍史话	王子今　赵宠亮
	35	陶瓷史话	谢端琚　马文宽
	36	玻璃器史话	安家瑶
	37	家具史话	李宗山
	38	文房四宝史话	李雪梅　安久亮
制度、名物与史事沿革系列（20种）	39	中国早期国家史话	王　和
	40	中华民族史话	陈琳国　陈　群
	41	官制史话	谢保成
	42	宰相史话	刘晖春
	43	监察史话	王　正
	44	科举史话	李尚英
	45	状元史话	宋元强
	46	学校史话	樊克政
	47	书院史话	樊克政
	48	赋役制度史话	徐东升

系列名	序号	书名	作者		
制度、名物与史事沿革系列（20种）	49	军制史话	刘昭祥	王晓卫	
	50	兵器史话	杨毅	杨泓	
	51	名战史话	黄朴民		
	52	屯田史话	张印栋		
	53	商业史话	吴慧		
	54	货币史话	刘精诚	李祖德	
	55	宫廷政治史话	任士英		
	56	变法史话	王子今		
	57	和亲史话	宋超		
	58	海疆开发史话	安京		
交通与交流系列（13种）	59	丝绸之路史话	孟凡人		
	60	海上丝路史话	杜瑜		
	61	漕运史话	江太新	苏金玉	
	62	驿道史话	王子今		
	63	旅行史话	黄石林		
	64	航海史话	王杰	李宝民	王莉
	65	交通工具史话	郑若葵		
	66	中西交流史话	张国刚		
	67	满汉文化交流史话	定宜庄		
	68	汉藏文化交流史话	刘忠		
	69	蒙藏文化交流史话	丁守璞	杨恩洪	
	70	中日文化交流史话	冯佐哲		
	71	中国阿拉伯文化交流史话	宋岘		

系列名	序号	书名	作者
思想学术系列（21种）	72	文明起源史话	杜金鹏　焦天龙
	73	汉字史话	郭小武
	74	天文学史话	冯　时
	75	地理学史话	杜　瑜
	76	儒家史话	孙开泰
	77	法家史话	孙开泰
	78	兵家史话	王晓卫
	79	玄学史话	张齐明
	80	道教史话	王　卡
	81	佛教史话	魏道儒
	82	中国基督教史话	王美秀
	83	民间信仰史话	侯　杰
	84	训诂学史话	周信炎
	85	帛书史话	陈松长
	86	四书五经史话	黄鸿春
	87	史学史话	谢保成
	88	哲学史话	谷　方
	89	方志史话	卫家雄
	90	考古学史话	朱乃诚
	91	物理学史话	王　冰
	92	地图史话	朱玲玲

系列名	序号	书名	作者	
文学艺术系列（8种）	93	书法史话	朱守道	
	94	绘画史话	李福顺	
	95	诗歌史话	陶文鹏	
	96	散文史话	郑永晓	
	97	音韵史话	张惠英	
	98	戏曲史话	王卫民	
	99	小说史话	周中明	吴家荣
	100	杂技史话	崔乐泉	
社会风俗系列（13种）	101	宗族史话	冯尔康	阎爱民
	102	家庭史话	张国刚	
	103	婚姻史话	张　涛	项永琴
	104	礼俗史话	王贵民	
	105	节俗史话	韩养民	郭兴文
	106	饮食史话	王仁湘	
	107	饮茶史话	王仁湘	杨焕新
	108	饮酒史话	袁立泽	
	109	服饰史话	赵连赏	
	110	体育史话	崔乐泉	
	111	养生史话	罗时铭	
	112	收藏史话	李雪梅	
	113	丧葬史话	张捷夫	

系列名	序号	书名	作者	
近代政治史系列（28种）	114	鸦片战争史话	朱谐汉	
	115	太平天国史话	张远鹏	
	116	洋务运动史话	丁贤俊	
	117	甲午战争史话	寇伟	
	118	戊戌维新运动史话	刘悦斌	
	119	义和团史话	卞修跃	
	120	辛亥革命史话	张海鹏	邓红洲
	121	五四运动史话	常丕军	
	122	北洋政府史话	潘荣	魏又行
	123	国民政府史话	郑则民	
	124	十年内战史话	贾维	
	125	中华苏维埃史话	杨丽琼	刘强
	126	西安事变史话	李义彬	
	127	抗日战争史话	荣维木	
	128	陕甘宁边区政府史话	刘东社	刘全娥
	129	解放战争史话	朱宗震	汪朝光
	130	革命根据地史话	马洪武	王明生
	131	中国人民解放军史话	荣维木	
	132	宪政史话	徐辉琪	付建成
	133	工人运动史话	唐玉良	高爱娣
	134	农民运动史话	方之光	龚云
	135	青年运动史话	郭贵儒	
	136	妇女运动史话	刘红	刘光永
	137	土地改革史话	董志凯	陈廷煊
	138	买办史话	潘君祥	顾柏荣
	139	四大家族史话	江绍贞	
	140	汪伪政权史话	闻少华	
	141	伪满洲国史话	齐福霖	

系列名	序号	书名	作者
近代经济生活系列（17种）	142	人口史话	姜涛
	143	禁烟史话	王宏斌
	144	海关史话	陈霞飞 蔡渭洲
	145	铁路史话	龚云
	146	矿业史话	纪辛
	147	航运史话	张后铨
	148	邮政史话	修晓波
	149	金融史话	陈争平
	150	通货膨胀史话	郑起东
	151	外债史话	陈争平
	152	商会史话	虞和平
	153	农业改进史话	章楷
	154	民族工业发展史话	徐建生
	155	灾荒史话	刘仰东 夏明方
	156	流民史话	池子华
	157	秘密社会史话	刘才赋
	158	旗人史话	刘小萌
近代中外关系系列（13种）	159	西洋器物传入中国史话	隋元芬
	160	中外不平等条约史话	李育民
	161	开埠史话	杜语
	162	教案史话	夏春涛
	163	中英关系史话	孙庆

系列名	序号	书名	作者
近代中外关系系列（13种）	164	中法关系史话	葛夫平
	165	中德关系史话	杜继东
	166	中日关系史话	王建朗
	167	中美关系史话	陶文钊
	168	中俄关系史话	薛衔天
	169	中苏关系史话	黄纪莲
	170	华侨史话	陈 民 任贵祥
	171	华工史话	董丛林
近代精神文化系列（18种）	172	政治思想史话	朱志敏
	173	伦理道德史话	马 勇
	174	启蒙思潮史话	彭平一
	175	三民主义史话	贺 渊
	176	社会主义思潮史话	张 武 张艳国 喻承久
	177	无政府主义思潮史话	汤庭芬
	178	教育史话	朱从兵
	179	大学史话	金以林
	180	留学史话	刘志强 张学继
	181	法制史话	李 力
	182	报刊史话	李仲明
	183	出版史话	刘俐娜
	184	科学技术史话	姜 超

系列名	序号	书名	作者
近代精神文化系列（18种）	185	翻译史话	王晓丹
	186	美术史话	龚产兴
	187	音乐史话	梁茂春
	188	电影史话	孙立峰
	189	话剧史话	梁淑安
近代区域文化系列（一种）	190	北京史话	果鸿孝
	191	上海史话	马学强　宋钻友
	192	天津史话	罗澍伟
	193	广州史话	张　苹　张　磊
	194	武汉史话	皮明庥　郑自来
	195	重庆史话	隗瀛涛　沈松平
	196	新疆史话	王建民
	197	西藏史话	徐志民
	198	香港史话	刘蜀永
	199	澳门史话	邓开颂　陆晓敏　杨仁飞
	200	台湾史话	程朝云

《中国史话》主要编辑
出版发行人

总 策 划	谢寿光	王　正	
执行策划	杨　群	徐思彦	宋月华
	梁艳玲	刘晖春	张国春
统　　筹	黄　丹	宋淑洁	
设计总监	孙元明		
市场推广	蔡继辉	刘德顺	李丽丽
责任印制	岳　阳